AF356294

SUPPLÉMENT

A LA

PHILOSOPHIE

DE L'HISTOIRE

DE FEU M. L'ABBÉ BAZIN,

Néceſſaire à ceux qui veulent lire cet Ouvrage avec fruit.

A AMSTERDAM,

Chez CHANGUION.

M. DCC. LXVII.

PRÉFACE.

LES Grecs ont été nos Maîtres en toutes fortes de Sciences. Il feroit aifé de le prouver, fi je les voulois toutes parcourir. Inférieurs à eux dans la plupart, nous les avons furpaffés en quelques-unes; mais nous en avons l'obligation aux découvertes qu'un heureux hazard nous a fait faire, plutôt qu'à la force de notre génie.

Nés fous un Ciel plus heureux, les Grecs femblent faits pour les Arts de pur agrément. Leurs Architectes, leurs Peintres, leurs Statuaires, &c. leur ont acquis une réputation qui va toujours en augmentant. Les Romains, dans les beaux jours de leur gloire, ne les ont point furpaffés, & même ils n'ont jamais eu la sotte vanité de prétendre les égaler.

> *Excudent alii spirantia molliùs æra,*
> *Credo equidem : vivos ducent de marmore vultus;*
> *Orabunt caufas meliùs , cœlique meatus*
> *Defcribent radio , & furgentia fidera dicent.*
>
> Virgil. Æn. VI, 847.

Qu'on parcoure Pline le Naturalifte , qu'on life Cicéron , & en particulier fa belle Harangue contre Verrès, *de Signis* , on les verra faire les plus grands éloges des Phidias (1), des Praxitele (2), des

---

(1) Il y a dans l'Anthologie plufieurs Epigrammes fur ce Sculpteur : en voici une traduite en Latin par Grotius :

DE JOVIS OLYMPII IMAGINE.

Juppiter ad terras, an ad æthera Phidia venit, |
Ut vifo fieret talis imago Deo ?

Phidias, præter Jovem Olympium, quem nemo æmulatur , fecit & ex ebore æquè Minervam Athenis, quæ eft in Parthenone adftans. Ex ære verò præter Amazonem fuprà diclam , Minervam tam eximiæ pulchritudinis, ut formæ cognomen acceperit. Fecit & Cliduchum , & aliam Minervam, quam Romæ Æmilius Paulus ad ædem Fortunæ hujufque diei dedicavit. Ideò duo figna , quæ Catulus in eadem æde pofuit palliata : & alterum coloſſicon nudum : primufque artem torreuticen aperuiffe atque demonftraffe meritò judicatur. *Plin. lib.* 34, *cap.* 8 , *fect.* 19, *pag.* 649.

(2)   *Phidiacus figno fe Juppiter ornat eburno*
Praxitelem Paria vindicat urbe lapis.

Propert. lib. 3 , El. 9, 15.

Praxiteles quoque marmore felicior : ideò & clarior

Myron (1), des Polyclete (2), des Parrha-

---

fuit. Fecit tamen ex ære pulcherrima opera : Proser-
·pinæ raptum : item Caragusam, & Liberum Patrem,
& Ebrietatem, nobilemque uná Satyrum, quem Græci
Periboëton cognominant, &c. *Plin. lib.* 34, *pag.* 653.

(1) Myronem Eleutheris natum, & ipsum Ageladæ
discipulum, Bucula maximè nobilitavit, celebratis
versibus laudata : quando alieno plerique ingenio,
magis quàm suo, commendantur. Fecit & canem, &
Discobolon, & Persea, & Pristas, & Satyrum admi-
rantem tibias, & Minervam. *Plin. lib.* 34, *pag.* 650.

> *Bucula sum, cælo genitoris facta Myronis*
>   *Ærea : nec factam me puto, sed genitam.*
> *Sic me taurus init : sic proxima Bucula mugit :*
>   *Sic Vitulus sitiens ubera nostra petit.*
> *Miraris, quod fallo Gregem? Gregis ipse Magister,*
>   *Inter pascentes me numerare solet.*

Ausf. Epig. 58.

DE EADEM MYRONIS BUCULA.

> *Necdùm caduco sole, jam sub vespere,*
> *Ageret juvencas quum domum Pastor suas,*
> *Suam relinquens, me minabat * ut suam.*

Id. Ibid. 67.

(2) Polycletus Sicyonius Ageladæ discipulus Diadu-
menum fecit molliter juvenem, centum talentis no-
bilitatum : idem & Doryphorum viriliter puerum. *Plin.
Hist. Nat. lib.* 34, *pag.* 650.

** Minare,*
conduire, me-
ner. Ce terme,
inconnu aux
bons Auteurs,
se trouve dans
Apulée &
dans la Sainte
Ecriture.

Pulchriora etiam Polycleti, & jam planè perfecta,
ut mihi quidem videri solent. *Cic. de Clar. Orator.* 18.

A 3

ſius (1), des Apelle (2), des Lyſippe (3), des

---

(1)   *In Veneris tabula ſummam ſibi ponit Apelles:*
      Parrhaſius parta vindicat arte locum.

                      Prop. lib. 3. Eleg. 9, 11.

       Divite me ſcilicet artium,
Quas aut Parrhaſius protulit, aut Scopas;
Hic Saxo, liquidis ille coloribus
Solus, nunc hominem ponere, nunc Deum.

                      Horat. Od. lib. IV, 8, 5.

Poſt Zeuxis atque Parrhaſius non multùm ætate diſtantes.......... plurimum arti addiderunt. Quorum prior luminum umbrarumque inveniſſe rationem, ſecundus examinaſſe ſubtiliùs lineas dicitur. *Quint. de Inſt. Orat. lib.* 12, *cap.* 10, *ſect.* 4.

(2) At in Aëtione, Nicomacho, Protogene, Apelle, jam perfecta ſunt omnia. *Cic. de Clar. Orat.* 18.

(3)   *Edicto vetuit ne quis ſe, præter Apellem,*
      Pingeret, aut alius Lyſippo duceret æra,
      Fortis Alexandri vultum ſimulantia.

                      Horat. Epiſt. lib. 2, 1, 239.

       Gloria Lyſippo eſt animoſa effingere ſigna:
       Exactis Calamis ſe mihi jactat equis.

                      Prop. El. lib. 3, 9, 9.

Inſignia (Signa) maximè, & aliqua de causâ notata, voluptuarium ſit attigiſſe, artificeſque celebratos nominaviſſe : ſingulorum quoque inexplicabili multitudine, cum Lyſippus M. D. opera feciſſe dicatur, tantæ omnia artis, ut claritatem poſſent dare vel ſingula. *Plin. Hiſt. Nat. lib.* 34, *pag.* 646.

Polygnote (1), des Silanion (2), &c. Le
Conful Luc. Mummius (3) enleva à Thef-

---

(1) Polygnote, Peintre du premier mérite. Ce fut
lui qui peignit à Athènes une partie de ce Portique
qu'on appella le Pécile, à caufe de la variété de fes
Peintures. Il étoit fi défintéreffé, qu'il ne voulut aucune récompenfe de fon travail. Les Athéniens lui
accordèrent le rang & les priviléges de Citoyen. Plin.
lib. 35, *pag.* 690. Suidas, *au mot Polygnote.* Paufanias,
Attic. *cap.* 18, 22. Bœt. *cap.* 4. Phocid. *cap.* 25, *&c.*

(2) Nam Sappho, quæ fublata de Prytaneo eft, dat
tibi juftam excufationem, propè ut concedendum,
atque ignofcendum effe videatur. Silanionis opus tam
perfectum, tam elegans, tam elaboratum, quifquam
non modò privatus, fed populus etiam haberet, quàm
homo elegantiffimus, atque eruditiffimus Verres?
Cic. *in Verr. liber. IV*, 57.

(3) Ce fut après la deftruction de Corinthe. Pline
met (*lib.* 34, *pag.* 640,) la ruine de cette Ville l'an de
Rome 608, & la troifieme année de la cent cinquante-
fixième Olympiade. Le favant Pere Hardouin a bien
vu qu'il s'étoit gliffé une erreur dans le texte de ce
célèbre Naturalifte. Il prétend qu'il faut lire la troifième année de la cent foixante-unième Olympiade,
qui répond parfaitement fuivant lui à l'an 608 de Rome, où cet événement eft réellement arrivé. Cependant le P. Pétau, autre Jéfuite du premier mérite,
place (*De Doctrina temporum*, vol. 2, pag. 355.) la
deftruction de Corinthe la troifième année de la cent
cinquante-huitième Olympiade, c'eft-à-dire, douze
ans plutôt, & cela s'accorde très-bien fuivant fon calcul, avec l'année 608 de Rome.
Ces deux Sçavans ont raifon. Le P. Hardouin auroit
dû feulement avertir qu'il fuivoit en cela le calcul de

pies toutes les Statues qui s'y trouvèrent.
Il n'osa seulement toucher à celle de Cupidon, ouvrage de Praxitèle, parce qu'elle
étoit consacrée. Thespies étoit une petite
Ville de la Béotie, qui par elle-même n'a-
voit rien de recommandable. Ce Cupidon
qu'y laissa Mummius, y attiroit de toutes
parts une foule de curieux & de connois-
seurs. *Cupidinem fecit illum, qui est Thes-
piis, propter quem Thespiæ visuntur. Nam
alia visendi causa nulla est. Cicer. Act. II.
in Verrem, lib. IV, §. 2.*

Si l'on passe ensuite aux Lettres, je ne
crains point de le dire, les Grecs sont de
beaucoup supérieurs aux Romains. Cicéron, le seul parmi ces derniers qui ait écrit
avec élégance sur des questions Philoso-

Pline, qui, comme on le peut conjecturer par la com-
paraison de plusieurs endroits de son Histoire, différoit
quelquefois de trois Olympiades entières de celui de
Varron. Suivant Pline, Rome devoit avoir été cons-
truite la troisième année de l'Olympiade neuvième.
Varron en fixe la fondation l'an trois de la sixième Olympiade. Le calcul de Varron est le plus connu, & c'est
celui qu'a suivi le P. Pétau.

phiques, eſt inférieur à Platon (1) & à Xénophon (2) ; & pour un Philoſophe Latin, les Grecs en ont mille à lui oppo-ſer. C'eſt chez eux qu'on a vu s'élever tou-tes ces Ecoles qui faiſoient profeſſion de chercher la vérité, & qui en la cherchant l'ont quelquefois obſcurcie.

---

(1) Quis enim uberior in dicendo Platone? Jovem aiunt Philoſophi, ſi Græcè loquatur, ſic loqui. Quis Ariſtotele nervoſior? Theophraſto dulcior. *Cic. de Clar. Orat* 31.

Philoſophorum, ex quibus plurimum ſe traxiſſe eloquentiæ M. Tullius confitetur, quis dubitet Plato-nem eſſe præcipuum, ſive acumine diſſerendi, ſive eloquendi facultate divina quâdam & Homericâ? Mul-tùm enim ſupra proſam orationem, & quam pedeſtrem Græci vocant, ſurgit : ut mihi non hominis ingenio, ſed quodam Delphico videatur oraculo inſtinⅽtus. *Quintil. de Inſtit. Orat. lib. X, cap.* 1, *ſeⅽt.* 81.

(2) Xenophontis voce muſas quaſi locutas ferunt. *Cic. Orat.* 19.

Xénophon non excidit mihi, ſed inter Philoſophos reddendus eſt. *Quint. de Inſt. Orat. lib.* 10, *cap.* 1, *ſeⅽt.* 7).

Quid ergo commemorem Xenophontis jucundita-tem illam inaffeⅽtatam, ſed quam nulla poſſit affeⅽta-tio conſequi? Ut ipſæ finxiſſe ſermonem Gratiæ vi-deantur : & quod de Pericle veteris comœdiæ teſtimo-nium eſt, in hunc transferri juſtiſſimè poſſit, in labris ejus ſediſſe quamdam perſuadendi Deam. *Id. ibid. cap.* 1, *ſeⅽt.* 82.

Rome a eu beaucoup d'Orateurs ; la forme de son Gouvernement leur avoit donné l'être. Grossiers dans les commencemens, ils se perfectionnèrent avec le temps. Mais il s'en trouve fort peu qu'on puisse comparer avec ceux de la Grèce, & encore les avoient-ils pris pour modèles. Cicéron , Hortensius, &c. méritent les éloges qu'on leur donne ; mais les Grecs peuvent leur opposer Périclès (1), Lysias (2), Demosthène (3), Hypéride,

(1) Pericles , Xantippi filius, de quo ante dixi , primus adhibuit doctrinam : quæ quanquam tùm nulla erat dicendi , tamen ab Anaxagora Physico eruditus, exercitationem mentis à reconditis abstrusisque rebus ad causas forenses popularesque facilè traduxerat. Hujus suavitate maximè hilaratæ sunt Athenæ , hujus ubertatem & copiam admiratæ , ejusdem vim dicendi terroremque timuerùnt. *Cic. de Claris Orator* 11.

(2) Tum fuit Lysias , ipse quidem in causis forensibus non versatus , sed egregiè subtilis scriptor atque elegans : quem jam propè audeas oratorem perfectum dicere. *Id. Ibid.* 9.

(3) Nam planè quidem perfectum (oratorem), & cui nihil admodùm desit, Demosthenem facilè dixeris. Nihil acutè inveniri potuit in eis causis , quas scripsit , nihil (ut ita dicam) subdolè, nihil versutè, quod ille non viderit ; nihil subtiliter dici , nihil pressè, nihil

'Æfchine (1), Lycurgue, Démétrius de
Phalere (2), Ifocrate (3), & une multitude
d'autres dont il nous refte quelques Ouvra-

---

enucleatè, quo fieri poffit aliquid limatius : nihil contrà grande, nihil incitatum, nihil ornatum vel verborum gravitate, vel fententiarum quo quidquam effet
elatius. *Id. Ibid.*

(1) Huic (Demoftheni) Hyperides proximus, &
Æfchines fuit, & Lycurgus, & Dinarchus, & is, cujus
nulla extant fcripta, Demades, aliique plures. *Id. Ibid.*

(2) Phalereus enim fucceffit eis fenibus adolefcens,
eruditiffimus quidem ille horum omnium, fed non tam
armis inftitutus quàm palæftra. Itaque delectabat magis Athenienfes, quàm inflammabat....... Hic primus
inflexit orationem, & eam mollem, teneramque reddidit: & fuavis, ficut fuit, videri maluit, quàm gravis,
fed fuavitate eâ, quâ perfunderet animos, non quâ
perfringeret? & tantùm ut memoriam concinnitatis
fuæ, non (quemadmodum de Pericle fcripfit Eupolis)
cum delectatione aculeos etiam relinqueret in animis
eorum, à quibus effet auditus. *Id. Ibid.*

Etiam illud quæro, Phalereus ille Demetrius atticè
ne dixerit? Mihi quidem ex illius orationibus redolere
ipfæ Athenæ videntur Et eft floridior, ut ita dicam,
quàm Hyperides, quàm Lyfias : natura quædam, aut
voluntas ita dicendi fuit. *Id. de Clar. Orat.* 82.

(3) Extitit igitur jam fenibus illis, (*Leontinus Gor-
gias, Thrafymachus Calcedonius, Protagoras Abderites,
Prodicus Cous, Hippias Eleus*) quos paulò ante dixi-
mus, Ifocrates, cujus domus cunctæ Græciæ, quafi
ludus quidam patuit, atque officina dicendi, magnus
orator & perfectus magifter, quanquam forenfi luce
caruit, intràque parietes aluit eam gloriam, quam
nemo quidem meo judicio eft pofteà confecutus. Is &
ipfe fcripfit multa præclarè, & docuit alios : & cùm
cætera meliùs, quàm fuperiores, tum primus intel-

ges, ou dont les noms nous ont été seulement transmis. Lucius Crassus, dont Cicéron fait un si grand éloge dans son Traité
de Claris Oratoribus (1), & qui, dans son
temps passoit pour le Prince de l'Eloquence
Romaine, rendoit hommage aux Grecs
de ce qu'il sçavoit; & il exhortoit les jeunes
gens qui se destinoient au Barreau, à ne
chercher l'éloquence que chez eux. Il paroît que les Grecs l'ont cultivée dans tous
les temps. Phénix (2) en donna des le-

---

lexit, etiam in solutâ oratione, dum versum effugeres,
modum tamen & numerum quemdam oportere servari.
Cic. de Cl. Orat. 8.

Isocrates in diverso genere dicendi nitidus & comtus,
& palæstræ, quàm pugnæ magis accommodatus,
omnes dicendi veneres sectatus est, nec immeritò :
auditoriis enim se, non judiciis comparârat : in inven-
tione facilis, honesti studiosus : in compositione adeò
diligens, ut cura ejus reprehendatur. Quint. *Inst. Orat.*
lib. 10, 1, 79.

(1) §. 43.

(2)
 Σοὶ δέ μ᾽ ἔπεμπε γέρων ἱππηλάτα Πηλεὺς
Ἤματι τῷ, ὅτε σ᾽ ἐκ Φθίης Αγαμέμνονι πέμπε
Νήπιον, οὔπω εἰδόθ᾽ ὁμοιίη πολέμοιο,
Οὐδ᾽ ἀγορέων, ἵνα τ᾽ ἄνδρες ἀριπρεπέες τελέθωσι.
Τούνεκά με προέηκε, διδασκέμεναι τάδε πάντα,
Μύθων τε ῥητῆρ᾽ ἔμεναι, πρηκτῆρά τε ἔργων.
   Hom. *Iliad.* 9, 438.

Ut ille apud Homerum Phœnix, qui se à Peleo patre

çons à Achille. Quel élève qu'Achille! quel maître que Phénix! que d'art dans ce beau discours qu'Homère lui met à la bouche, pour engager Achille à oublier l'insulte d'Agamemnon! Le style de (1) Ménélas étoit concis & serré; il joignoit l'agrément à la force. Celui d'Ulysse plus fleuri, plus abondant, plus véhément, est comparé, par (2) Homère, à de la neige qui tombe

---

Achilli juveni comitem esse datum dicit ad bellum, ut illum efficeret *oratorem verborum, actoremque rerum.* Cic. *de Orat. lib.* 3, 15.

Sit ergo tam eloquentia, quam moribus præstantissimus, qui ad Phœnicis Homerici exemplum *dicere* ac *facere* doceat. Quint. *de Inst. Or. lib.* 2, *cap.* 3, *sect.* 12.

(1) Homer. *Iliad. lib.* 3, 213, 214.

Nam & Homerus *breyem* quidem cum animi jucunditate, & *propriam*, (id enim est *non errare verbis*) & carentem supervacuis *eloquentiam* Menelao dedit, quæ sunt virtutes generis illius primi. Quint. *de Instit. Orator. lib.* 12, *cap.* 10, *sect.* 64.

Sed ea ipsa genera dicendi, jam antiquitùs tradita ab Homero sunt tria in tribus: magnificum in Ulyxe, & ubertum: subtile in Menelao & cohibitum : mixtum moderatumque in Nestore. Aul. Gell. *lib.* 7, 14.

(2) Iliad. *lib.* 3, 222.

Sed summam aggressus, ut in Ulysse, facundiam, magnitudinem illi junxit : cui orationem nivibus hibernis, & copia verborum, atque impetu parem, tribuit. Cum hoc igitur nemo mortalium contendet : hunc ut Deum homines intuebuntur. Quint. *de Instit. Orat. lib.* 12, 10, 64.

avec impétuosité. Nul mortel, ajoute le Prince des Poëtes, n'eût alors osé entrer en lice avec lui. L'éloquence de Nestor est douce (1), persuasive, & fait un contraste agréable avec celle de Ménélas & d'Ulysse. Ausone a rassemblé ces trois genres dans les Vers suivans.

> *Dulcem in paucis ut Plisthéniden,* (2)
> *Et torrentis seu Dulichii*
> *Ninguida dicta,*
> *Et mellita nectare vocis*
> *Dulcia fatu verba canentem*
> *Nestora regem.*
>
> Auson. *Profess.* 21, 19.

C'est une remarque de Cicéron (3), que

---

(1)   Τοῖσι δὲ Νέςωρ
Ἡδυεπὴς ἀνόρυσε, λιγὺς Πυλίων ἀγορητὴς,
Τῦ κ̀ ἀπὸ γλώσσης μέλιτος γλυκίων ῥέεν αὐδή.
                              Hom. *Iliad.* 1, 248.

Et ex ore Nestoris dixit dulciorem melle profluere sermonem : quâ certe delectatione nihil fingi majus potest. Quint. *de Instit. Orator. lib.* 12, *cap.* 10, *sect.* 64.

(2) Ménélas, fils de Plisthène. Ovide appelle de même Agamemnon *Plisthenius vir.* Rem. Amor. 778.

(3) Neque enim jam Troicis temporibus tantum laudis in dicendo Ulyssi tribuisset Homerus, & Nestori, quorum alterum vim habere voluit, alterum suavitatem, nisi jam tùm esset honos eloquentiæ. Cic. *de Cl. Orat.* 10.

si l'Eloquence n'eût pas été en honneur dès le temps de la guerre de Troye, Homère n'eût point représenté ses Héros avec tant d'avantage de ce côté-là.

Venons maintenant aux Historiens. Au jugement de Quintilien (1) les Latins ne peuvent mettre en parallele avec les Grecs que Salluste & Tite-Live; on peut y joindre, si on veut, Tacite. Les Grecs ont Hérodote (2), Thucydide (3), Xéno-

____

(1) *Instit. Orat. lib.* 10, *cap.* 1, §. 101.

(2) Namque & Herodotum illum, qui princeps genus hoc ornavit, in causis nihil omninò versatum esse accepimus : atqui tantâ est eloquentiâ, ut me quidem, quantum ego græcè scripta intelligere possum, magnoperè delectet. Cic. *de Orat. lib.* 2, 13.

Densus, & brevis, & semper instans sibi Thucydides : dulcis, & candidus, & fusus Herodotus : ille concitatis, hic remissis affectibus melior ; ille concionibus, hic sermonibus ; ille vi, hic voluptate. Quint. *de Inst. Orat. lib.* 10, 1, 73.

(3) Thucydides omnes dicendi artificio, meâ sententiâ, facilè vicit : qui ita creber est rerum frequentiâ, ut verborum propè numerum sententiarum numero consequatur; ita porro verbis aptus, & pressus, ut nescias, utrum res oratione, an verba sententiis illustrentur. Atqui ne hunc quidem, quanquam est in republica versatus, ex numero accepimus eorum, qui causas dictitarunt : & hos libros tum scripsisse dicitur, cum à republicá remotus, atque, id quod optimo cuique Athenis accidere solitum est, in exilium pulsus esset. Cic. *de Orat. lib.* 2, 13.

phon (1), Timée (2), Philiste (3), Théopompe (4), Ephore (5), Timagène (6),

(1) Denique etiam à Philosophia profectus princeps Xenophon, Socraticus ille ; pòst ab Aristotele Callisthenes, comes Alexandri, scripsit historiam : & hic quidem rhetorico penè more : ille autem superior leniore quodam sono est usus, & qui illum impetum oratoris non habeat : vehemens fortasse minùs, sed aliquanto tamen est, ut mihi quidem videtur, dulcior. *Id. Ibid.* 14.

(2) Minimus natu horum omnium Timæus, quantùm autem judicare possum, longè eruditissimus ; & rerum copiâ, & sententiarum varietate abundantissimus & ipsâ compositionè verborum non impolitus ; magnam eloquentiam ad scribendum attulit, sed nullum usum forensem. *Id. Ibid.*

(3) Hunc (Thucydidem) consecutus est Syracusius Philistus, qui cum Dionysii tyranni familiarissimus esset, otium suum consumpsit in historiâ scribendâ, maximèque Thucydidem est, sicut mihi videtur, imitatus. *Id. Ibid.* 13.

Philistus quóque meretur, qui turbæ, quamvis bonorum pòst hos auctorum, eximatur, imitator Thucydidis : & ut multò infirmior, ita aliquatenùs lucidior. *Quint. de Instit. Orat. lib.* 10, 1, 74.

(4) Postea verò, quasi ex clarissimâ rhetoris officinâ, duo præstantes ingenio, Theopompus, & Ephorus, ab Isocrate magistro impulsi, se ad historiam contulerunt. *Cic. de Orat. lib.* 2, 13.

Dicebat Isocrates, doctor singularis, se calcaribus in Ephoro, contrà autem in Theopompo frenis uti solere. Alterum enim exsultantem verborum audaciâ reprimebat, alterum cunctantem, & quasi verecundantem incitabat. *Id. de Orat. lib.* 3, 9.

(5) Ephorus, ut Isocrati visum, calcaribus eget. *Quint. de Inst. Orat. lib.* 10, 1, 74.

(6) Longo post intervallo temporis natus Timage-

Polybe

Polybe (1), Diodore de Sicile, Denys d'Halicarnasse, Dion Cassius, Plutarque, Arrien & une infinité d'autres.

Les Grecs ont pareillement excellé dans tous les genres de Poësie : Eschyle (2), Sophocle (3), Euripide, Aristophane (4),

---

nes, vel hôc est ipso probabilis, quòd intermissam historias scribendi industriam nova laude reparavit. *Id. ibid. lib.* 10, 1, 75.

(1) Polybius bonus auctor in primis. Cic. *de Offic. lib.* 3, 32.

(2) Tragœdias primus in lucem Æschylus protulit, sublimis & gravis, & grandiloquus sæpè usque ad vitium, sed rudis in plerisque & incompositus : propter quod correctas ejus fabulas in certamen deferre posterioribus poëtis Athenienses permisere, suntque eo modo multi coronati. Quint. *de Inst. Orat. lib.* 10, *cap.* 1, *sect.* 66.

(3) Sed longè clarius illustraverunt hoc opus Sophocles atque Euripides : quorum in dispari dicendi via uter sit melior, inter plurimos quæritur. Idque ego sanè, quoniam ad præsentem materiam nihil pertinet, injudicatum relinquo. Illud quidem nemo non fateatur necesse est, iis, qui se ad agendum comparant, utiliorem longè Euripidem fore. Namque is & in sermone (quod ipsum reprehendunt, quibus gravitas & cothurnus & sonus Sophoclis videtur esse sublimior) magis accedit oratorio generi : & sententiis densus, & in iis, quæ à sapientibus tradita sunt, penè ipsis par, & in dicendo ac respondendo cuilibet eorum, qui fuerunt in foro diserti, comparandus. In affectibus verò cùm omnibus mirus, tùm in iis, qui miseratione constant, facilè præcipuus. *Id. ibid. lib.* 10, *cap.* 1, *sect.* 67.

(4) Antiqua comœdia cum sinceram illam sermonis

Eupolis (1), Cratinus, Ménandre (2),
Philémon (3), Pindare (4), Tyr-

---

attici gratiam propè sola retinet , tum facundissimæ
libertatis, etsi est in insectandis vitiis præcipua, plurimùm tamen virium etiam in cæteris partibus habet.
Nam & grandis , & elegans, & venusta, & nescio an
ulla , post Homerum tamen , quem, ut Achillem ,
semper excipi par est, aut similior sit oratoribus , aut
ad oratores faciendos aptior. Plures ejus auctores :
Aristophanes tamen , & Eupolis, Cratinusque præcipui.
Id. ibid. lib. 10 *, cap.* 1 *, sect.* 65.

(1) *Eupolis, atque Cratinus, Aristophanesque poëtæ,*
 Atque alii , quorum comœdia prisca virorum est,
 Si quis erat dignus describi, quòd malus ac fur,
 Quòd mæchus foret , aut sicarius , aut alioqui
 Famosus , multâ cum libertate notabant.
      Horat. *Sat. lib.* 1 *,* 4 *,* 1.

(2) Hunc (Euripidem) & admiratus maxime est , ut
sæpe testatur, & secutus, quamquam in opere diverso,
Menander : qui vel unus, meo quidem judicio , dili-
genter lectus, ad cuncta, quæ præcipimus, efficienda
sufficiat : ita omnem vitæ imaginem expressit : tanta in
eo inveniendi copia , & eloquendi facultas : ita est
omnibus rebus, personis, affectibus accommodatus.....
Atque ille quidem omnibus ejusdem operis auctoribus
abstulit nomen , & fulgore quodam suæ claritatis te-
nebras obduxit. Quint. *de Inst. Orat. l.* 10 *,* 1 *,* 69 *&* 72.

(3) Philemon , ut pravis sui temporis judiciis Menan-
dro sæpè prælatus est , ita consensu omnium meruit
credi secundus. Quint. *de Inst. Orat. lib.* 10 *,* 1 *,* 72.

(4) *Monte decurrens velut amnis, imbres*
 Quem super notas aluëre ripas,
 Fervet, immensusque ruit profundo
 Pindarus ore.
     Horat. *Od. lib. IV.* 2 *,* 5.

Novem verò Lyricorum longè Pindarus princeps ,

tée (1), Anacréon (2), Ibycus, Sapho (3),
Alcée (4), Stésichore (5), Bacchylide,

---

fpiritûs magnificentiâ, fententiis, figuris, beatiffima
rerum verborumque copiâ, & velut quodam eloquentiæ flumine : propter quæ Horatius eum merito cre-
didit nemini imitabilem. Quint. *de Inft. Orat. lib.* 10,
1, 61.

(1) *Tyrtæufque mares anim   in Martia bella*
Verfibus exacuit.

   Horat. *Ars Poët.* 402.

(2) *Nec, fi quid olim lufit Anacreon,*
Delevit ætas.

   Horat. *lib.* 4, *Od.* 9, 9.

Anàcreontis quidem tota poëfis eft amatoriâ. Maxime verò omnium flagraffe amore Rheginum Ibycum,
apparet ex fcriptis. Cic. *Tufcul. IV.* 33.

(3)   *Spirat adhuc amor,*
Viruntque commiffi calores
Æoliæ fidibus puellæ.

   Horat. *lib. IV, Od.* 9, 10.

(4) Alcæus in parte operis aureo plectro merito
donatur, quâ tyrannos infectatur : multùm etiam moribus confert : in eloquendo quoque brevis & magni-
ficus, & diligens, plerumque Homero fimilis, fed in
lufus & amores defcendit, majoribus tamen aptior.
Quint. *de Inft. Orat. lib.* 10, 1, 63.

(5) .... *Alcæi minaces*
Stefichorique graves camænæ.

   Horat. *lib. IV. Od.* 9, 7.

Stefichorum, quàm fit ingenio validus, materiæ
quoque oftendunt, maxima bella & clariffimos canen-
tem duces, & epici carminis onera lyrâ fuftinentem.

Alcman (1), Archiloque (2), Simonide (3) ;
Hésiode (4), Théocrite (5), Bion, Moschus,

Reddit enim perſonis in agendo ſimul loquendoque
debitam dignitatem : ac, ſi tenuiſſet modum, videtur
æmulari proximus Homerum potuiſſe : ſed redundat,
atque effunditur : quod eſt reprehendendum, ita co-
piæ vitium eſt. Quint. *de Inſt. Orat. lib.* 10, 1, 62.

(1) Alcman ex clariſſimis Græciæ Poëtis. Plin. *Hiſt.
Nat. lib.* 11, *pag.* 611.

(2) *Archilochum proprio rabies armavit iambo.*

Horat. *Ars Poët. 79.*

Itaque ex tribus receptis Ariſtarchi judicio ſcripto-
ribus iamborum, ad ἕξιν maximè pertinebit unus Ar-
chilochus. Summa in hoc vis elocutionis, cùm validæ,
tum breves vibrantesque ſententiæ, plurimùm ſangui-
nis atque nervorum, adeo ut videatur quibuſdam,
quòd quoquam minor eſt, materiæ eſſe, non ingenii
vitium. Quint. *de Inſt. Orat. lib.* 10, 1, 59.

(3) Simonides tenuis, alioqui ſermone proprio &
jucunditate quadam commendari poteſt : præcipua tamen ejus in commovenda miſeratione virtus, ut quidam in hac eum parte omnibus ejuſdem operis auctoribus præferant. *Id. ibid. cap.* 1, *ſe̴ct.* 64.

(4) Rarò aſſurgit Heſiodus, magnaque pars ejus in
nominibus eſt occupata, tamen utiles circa præcepta
ſententiæ lenitaſque verborum, & compoſitionis probabilis : daturque ei palma in illo medio genere dicendi. *Id. ibid. cap.* 1, *ſect.* 52.

*Vivet & Aſcræus, dum muſtis uva tumebit :
Dum cadet incurvâ falce reſecta Ceres.*

Ovid. *Amor. lib.* 1, *Eleg.* 15, 11.

(5) Admirabilis in ſuo genere Theocritus, ſed muſa
illa ruſtica & paſtoralis non forum modò, verùm ip-
ſam etiam urbem reformidat. *Quint. ibid. cap.* 1, *ſect.* 55.

Callimaque (1), Philétas (2), &c. leur ont
affuré la fupériorité fur toutes les Nations.
Quintilien, qui joignoit à un jugement
exquis les plus grandes connoiffances,
étoit fi éloigné de ces détracteurs de l'Antiquité, qui prononcent avec tant de har-
dieffe fur des chofes qu'ils ne connoiffent
point, qu'ils ne peuvent même connoître,
& qui puifent dans leur ignorance le mépris qu'ils font des Anciens; Quintilien en
étoit, dis-je, fi éloigné, qu'il fait en cent
endroits l'éloge le plus magnifique d'Homere (3). Il va jufqu'à lui donner la préfé-

---

(1) Elegiam vacabit in manus fumere, cujus princeps habetur Callimachus. Quint. *Inft. Orat. lib.* 10,
1, 58.

> Battiades * toto femper cantabitur orbe.
> Quamvis ingenio non valet, arte valet.
>> Cvid. *lib.* 1, *Amor. Eleg.* 15, 13.

* Callima-
que, fils de
Battus.

(2) Secundas confeffione plurimorum Philetas oc-
cupavit. Quint. *Inft. Orat. lib.* 10, 1, 58.

> Callimachi manes & Coi facra Philetæ
> In veftrum, quæfo, me finite ire nemus.
>> Prop. *lib.* 3, *Eleg.* 1, 1.

(3) Igitur, ut Aratus ab Jove incipiendum putat,
ita nos rite cœpturi ab Homero videmur. Hic enim .....
omnibus eloquentiæ partibus exemplum & ortum

rence sur (1) Virgile; & quelque autre part, il dit qu'il passe les bornes de l'esprit humain (2).

Horace (3), cet ami éclairé de Virgile,

---

dedit. Hunc nemo in magnis sublimitate, in parvis proprietate superaverit. Idem lætus ac pressus, jucundus & gravis, tum copiâ, tum brevitate mirabilis: nec poëtica modò, sed oratoria virtute eminentissimus. Nam ut de laudibus, exhortationibus, consolationibus taceam : nonne vel nonus liber, quo missa ad Achillem legatio continetur, vel in primo inter duces illa contentio, vel dictæ in secundo sententiæ, omnes litium ac consiliorum explicant artes ? Affectus quidem, vel illos mites, vel hos concitatos, nemo erit tam indoctus, qui non in sua potestate hunc auctorem habuisse fateatur. &c. Quint. *de Inst. Orator. lib.* 10, *cap.* 1, *sect.* 46.

(1) Itaque ut apud illos Homerus, sic apud nos Virgilius auspicatissimum dederit exordium, omnium ejus generis poëtarum, Græcorum nostrorumque, illi haud dubie proximus. Utar enim verbis iisdem, quæ ex Afro Domitio juvenis accepi : qui mihi interroganti quem Homero crederet maximè accedere, *secundus,* inquit, *est Virgilius, propior tamen primo, quam tertio.* Quint. *Ibid. cap.* 1, *sect.* 85.

(2) In verbis, sententiis, figuris, dispositione totius operis, nonne humani ingenii modum excedit ? *Id. ibid. lib.* 10, *cap.* 1, *sect.* 50.

(3)　　　　　　*Priores Mæonius tenet*
Sedes Homerus.

　　　　　　Horat. *lib. IV. Od.* 9, 5.

Res gestæ regumque, ducumque, & tristia bella,
Quo scribi possent numero, monstravit Homerus.

　　　　　　Id. *Ars Poët.* 73.

dont les écrits sont le code du goût, renvoie à Homere ceux qui desirent se faire
un nom dans la Poësie Epique.

Il est vrai qu'Homere est plus simple que
Virgile, & que celui-ci a quelquefois plus
de cette délicatesse & de ces ornemens
qui semblent le rapprocher de notre siécle.
Mais l'âge d'Homere, si éloigné de la magnificence & de l'élégance de celui où
Virgile a vécu, n'étoit recommandable
que par la simplicité des mœurs. Ce grand
Poëte a peint les coutumes & les usages
de son temps, sans prévoir les changemens qu'y apporteroit le luxe des Asiatiques.

Virgile étoit Citoyen de cette Ville im-
mense, aussi célèbre par son urbanité, que
par ses conquêtes; il vécut à la Cour d'Au-
guste; il fut l'ami de Mécène & de tous les
grands hommes qui faisoient l'ornement
de cette Cour, la plus magnifique & la
plus spirituelle qu'on ait jamais vue. Est-il
donc surprenant qu'à une si bonne école

il ait perfectionné les dons qu'il avoit re-
çus de la Nature.

La gloire des Romains, par rapport aux
Lettres, ne s'étend guères au-delà d'un
siécle ; celle des Grecs en embraffe plus
de douze. Homere fleuriffoit avant la fondation de Rome ; Saint Jean, recommandable par fon éloquence, qui lui avoit
mérité le furnom de Chryfoftôme, (bouche
d'or) vivoit fur la fin du quatrième fiécle,
temps où Rome étoit déja replongée dans
la barbarie.

Il n'eft donc point étonnant, d'après
ce court expofé, qu'à la renaiffance des
Lettres on fe foit appliqué avec tant d'ardeur à l'étude des Langues favantes, &
particulierement de la Grecque. Ce fut
cette familiarité avec les Auteurs de la
Grèce & de Rome qui prépara les beaux
fiécles de Léon X & de Louis XIV. L'Europe alors changea de face ; on cultiva
avec fuccès les Arts utiles & de pur agrément. Les débris des chef-d'œuvres de la

Grèce & de Rome ne furent plus alors un vain & stérile spectacle ; ils devinrent l'école des plus grands génies, qui, les prenant pour modèles, élevèrent ces bâtimens superbes, monumens de leur gloire & de la magnificence des Princes qui les commandoient. L'art des Parrhasius reparut, la toile s'anima, on en vit comme sortir des figures vivantes ; sous le ciseau des Michel-Ange le marbre respira ; les Héros de la Fable & de l'Histoire reprirent une nouvelle vie ; leurs traits se gravèrent profondément dans notre ame, & y portèrent avec eux l'amour de la gloire, de la liberté (1) & de la vertu sa compagne inséparable.

D'autres, le flambeau de la critique à la main, percent la nuit des temps, y répandent la clarté, ramènent l'ordre où l'on n'avoit vu que confusion, portent la lumière

(1) C'est une remarque très-juste d'Homère :
Jupiter ôte à un homme la moitié de sa vertu à l'instant qu'il devient esclave.

Ἥμισυ γὰρ τ' ἀρετῆς ἀποαίνυται εὐρύοπα Ζεὺς
Ἀνέρος, εὖτ' ἄν μιν κατὰ δούλιον ἦμαρ ἕλῃσιν.
Hom. Odyss. 17, 322.

fur des coutumes obfcures, diffipent les ténèbres qui les environnoient, rétabliffent
un paffage altéré, & rendent par-là une
nouvelle vie à ces Auteurs divins à qui la
barbarie avoit prêté fon langage. Travail
pénible, mais non moins utile. Que de
favoir, de jugement, de fagacité ne faut-
il point pour y réuffir! C'eft par-là que les
Pétau, les Saumaifes, les Etienne, les Ca-
faubon, les Valois, les Heinfius, les Gef-
ner, les d'Orville, les Clarke, les Kufter, les
Alberti, les (1) Wefferling, les Taylor, &c.

---

(1) Ces Savans font bien au-deffus des éloges que
j'en pourrois faire. Le dernier Ouvrage de M. Weffe-
ling eft une édition d'Hérodote. J'ofe dire, & je ne
crains point d'être défavoué d'aucun Savant, que c'eft
un des meilleurs Ouvrages en ce genre qui ait jamais
paru. Il devroit fervir de modèle à tous ceux qui veulent donner des éditions des Auteurs anciens. Ce
Savant, non moins recommandable par les qualités
du cœur & de l'efprit, que par fa profonde érudition,
mourut le 11 Novembre 1764.
   M. Taylor, connu dans la République des Lettres
par une excellente édition de Lyfias, &c. eft mort
depuis peu. Il n'a pas eu le temps d'achever le Démof-
thène auquel il travailloit depuis bien des années. Il
n'en a paru que le fecond & le troifième volume. Il a
légué fes papiers au favant Docteur Askew. On penfe
qu'il y a de quoi faire un autre volume.

fe font frayés une route à l'immortalité ; c'eft par-là que les Hemfterhuis, les Ernefti, les Valckenaer, les Ruhnkenius, les Askew, les Markland, les Corfini, &c. afpirent au même but. Cet Art difficile étoit autrefois cultivé en France avec fuccès ; maintenant méprifé, on le relégue injuftement dans la pouffière des Colléges ; l'on traite avec mépris ceux qui l'exercent, & l'on inventa pour eux le nom odieux de pédant. Ce mot, qui ne devroit défigner que ces gens de tout état, qui fe targuent d'une fauffe érudition, qui, fiers de quelques termes qu'ils appliquent mal à propos, nous étourdiffent de leur importun babil, ou prennent de ces tons impofans que n'a jamais connu le vrai favoir, toujours modefte ; ce mot, dis-je, fert aujourd'hui à défigner des hommes de génie qui auroient excellé dans toute autre partie des Sciences, s'ils y avoient porté la même application. Cette appellation eft due, j'en conviens, à ces Commentateurs ignorans, qui, au lieu d'inftruire, fervent à égarer ceux qui les prennent pour guides : aux Minellius, aux Junker, aux Farnabe, aux Schrevel, & à la plupart de ces Commentateurs vulgairement appellés *Dauphins*, qui abufant de la libéralité d'un grand Prince, ont défiguré les précieux reftes de l'antiquité par des paraphrafes ridicules & des notes puériles, où l'ignorance fe fait remarquer à tout inftant. Je les compare à ces mercenaires qui fe condamnant aux mines, ne retirent, au lieu de diamans, que des pierres brutes. Ces peftes des Lettres méritent, avec raifon, ce nom odieux. Mais n'y a-t-il pas de l'injuftice de les confondre avec les grands hommes qui courent avec fuccès dans la même carrière. On fait de la différence entre un Barbouilleur d'Enfeignes & un grand Peintre qui fait donner de l'ame aux couleurs, entre un Poëte médiocre & un Corneille, un Racine. Pourquoi n'avoir point ici la même équité? Tout le monde fe connoît, ou du moins croit fe connoître en Ouvrages de goût; & le plus fouvent on juge d'après des perfonnes qui ont le tact fûr. Mais en fait d'érudition, à moins que d'être foi-même initié à fes myftères, comment pouvoir diftinguer le Savant du charlatan, l'homme habile de l'ignorant?

Le flambeau des Lettres répandit fa lumière de tous côtés; la Philofophie en fut éclairée; la Théologie fecoua le joug de la fcholaftique; elle profcrivit ce jargon obfcur & barbare dont l'ignorance s'étoit fait comme un rempart; l'étude de l'Ecriture & des Pères redevint en honneur, & la Religion reparut telle à peu près qu'on l'avoit vue dans les premiers âges.

Ces beaux jours ne furent pas d'une longue durée. L'érudition avoit choifi pour demeure, fi j'ofe ainfi m'exprimer, une Ifle environnée d'une mer fameufe par les naufrages. Attiré par fes charmes, on fermoit les yeux fur la difficulté & les dangers de la navigation. Mais bientôt ceux qui n'avoient point pris la précaution du fage Ulyffe, prêtant imprudemment une oreille attentive aux chants mélodieux des Sirènes, aimèrent mieux paffer avec elles des jours obfcurs, que chercher la gloire du favoir à travers des écueils dont il eft entouré. Aux bons Ouvrages fuccédèrent les Fables Miléfiennes, Ecrits propres à inf-pirer l'amour du faux, & à corrompre le goût & la vertu. L'éducation mâle difparut alors, & avec elle les vertus antiques. La Profeffion des Armes devint un trafic, un brigandage. Les Gens en Place abusèrent de leur autorité & de leur crédit pour op-primer l'innocence, & l'on vit des Magif-trats, vendus à l'iniquité, foulant aux pieds la Loi dont ils devoient être les organes, fe liguer avec eux pour l'accabler. L'hon-neur, la bafe de notre Monarchie, ne fut plus qu'un vain nom; nous prîmes de nos voifins le terme de Patriote, mais nous nous gardâmes bien d'y attacher quelque idée. Il auroit fallu fortir de notre léthargie, rappeller la vertu proscrite, nous métamorphoser, en un mot, en d'autres hommes.

C'est au mépris de la saine littérature que doivent leur existence ces prétendus beaux esprits, qu'on décore, je ne sais par quelle raison, du titre de Philosophes. Ceux à qui les Anciens donnoient ce nom, se distinguoient des autres hommes par leur piété, leur respect pour les Loix (1), l'amour pour la Patrie. Parmi nous c'est tout le contraire. Un ignorant qui, par des raisonnemens captieux, attaque ce que la Religion a de plus respectable, l'existence de Dieu, l'immortalité de l'ame, principe de toutes

____

(1) Des Juges iniques ayant condamné à mort Socrate, Criton, un de ses Disciples, gagna le Geolier, & l'engagea à laisser échapper son Prisonnier ; mais jamais il ne put déterminer ce Philosophe à se sauver. Il pensoit que, malgré l'injustice de son arrêt de mort, il ne pouvoit, sans crime, se dérober aux Loix de sa Patrie ; qu'il devoit l'obéissance à ces Loix, & que l'injustice des hommes n'étoit pas un prétexte légitime pour les violer. On peut voir les motifs de cette belle & généreuse action développés dans le Dialogue de Platon, intitulé *Criton*, pag. 43 *du premier vol. édit. de Henri Etienne.*

nos vertus, source pure de notre joie dans la prospérité, & de nos consolations dans l'adversité : cet ignorant, nous l'appellons un Philosophe. Quand les anciens Philosophes commencèrent à dégénérer, & qu'ils cherchèrent à couvrir leurs vices du manteau de la Philosophie ; le titre de Sophiste qu'ils avoient toujours porté, & qui s'étoit toujours pris en bonne part, devint alors un terme offensant. Nos beaux esprits modernes font tout ce qu'ils peuvent pour rendre odieuse l'appellation de Philosophe; pour peu qu'ils continuent, ils y réussiront.

L'impiété n'avoit emprunté jusqu'à présent du secours que d'une vaine Philolophie; elle n'avoit cherché à appuyer ses dogmes favoris que par de vains sophismes. Il étoit réservé à notre siécle de lui voir prendre une autre route, plus détournée, il est vrai, mais qui n'en tend pas moins au même but. On n'avoit fait servir jusqu'à présent l'Erudition qu'à débrouiller des articles obscurs d'Histoire, qu'à éclaircir des

points

points de Chronologie, qu'à rétablir un paſſage corrompu, & répandre par-là un jour
lumineux ſur des faits obſcurs, mais impor-
tans. Huet, Bochart, Warburton, &c. s'en
ſont ſervis quelquefois avec ſuccès pour aſſurer des triomphes à la Religion ; l'impiété jalouſe voulût eſſayer les mêmes armes.

Il s'eſt élevé un homme audacieux ,
un Capanée, pour qui rien n'eſt ſacré, &
qui toute ſa vie s'eſt fait un plaiſir de ſe
jouer des plus grandes vérités, qui, ſi elles
étoient des erreurs, ſeroient d'heureuſes
erreurs, des erreurs reſpectables aux yeux
du Sage, puiſqu'elles ſeroient, du moins
en cette vie, la ſource de notre bonheur.
Après avoir épuiſé dans ſon Dictionnaire (1)

---

(1) Cet Ouvrage eſt ſurement du prétendu Abbé
Bazin. Je n'en citerai qu'un endroit : *Ex ungue Leonem.*
Cet Auteur dit à l'Article Guerre :
» La Famine, la Peſte & la Guerre ſont les trois
» ingrédiens les plus fameux de ce bas monde. On
» peut ranger dans la première claſſe toutes les mau-
» vaiſes nourritures... ... On comprend dans la peſte
» toutes les maladies contagieuſes............ Ces deux
» préſens nous viennent de la Providence : mais la
» Guerre qui réunit tous ces dons , nous vient de

Philofophique tous les fophifmes que lui
a pu fuggérer une imagination déréglée,
il a voulu effayer dans un autre Ouvrage (1)
les mêmes armes que les Bochart & les
Huet avoient maniées avec tant d'avantage, je veux dire l'Erudition. Peu fait pour
une Science où l'imagination n'a aucune
part, & où il faut la remplacer par une vigueur de jugement peu commune, on le
voit broncher à chaque pas. On croiroit
du moins qu'avant d'entreprendre un pa-

―――――――――――

» l'imagination de trois ou quatre cents perfonnes ré-
» pandues fur la furface de ce Globe fous le nom de
» Princes où de Miniftres ; & c'eft peut-être pour cette
» raifon, que dans plufieurs Dédicaces on les appelle
» les images vivantes de la Divinité.

La plume me tombe des mains ; à ces blafphêmes,
à cet horrible portrait, je ne reconnois point l'Auteur
qui nous peint en plufieurs endroits la Divinité avec
les couleurs les plus aimables. C'eft de gaieté de cœur
s'expofer à la haine du genre humain, & vouloir fe
faire chaffer de la Société comme une bête féroce
dont on a tout à craindre. Quelle eft en effet la Nation
qui ne connoiffe point un Etre Suprême ! *Nulla gens
eft neque tam immanfueta, neque tam fera, quæ non,
etiam fi ignoret qualem habere Deum deceat, tamen ha-
bendum fciat. Cic. de Legib. 1, 8.*

(1) La Philofophie de l'Hiftoire.

reil Ouvrage, il a fait, à l'exemple des deux grands hommes que je viens de nommer, une étude férieufe & approfondie des Langues favantes, de l'Hiftoire, de la Chronologie, & principalement de la Critique. Mais au lieu de cela, on eft furpris de ne trouver qu'une faftueufe ignorance, qu'à la faveur d'un ftyle brillant, il eft fûr de faire paffer auprès de la multitude. Ne fachant aucune des Langues favantes, fi l'on en excepte le Latin (1), ne connoiffant point l'Hiftoire, ignorant jufqu'aux premiers principes de la Critique, il parcourt tous les monumens de l'antiquité. Auffi ne doit-on plus être étonné de lui voir entaffer erreurs fur erreurs; mais on l'eft toujours de ce que devant connoître fes forces, il a voulu écrire fur des fujets qui lui étoient entiérement étrangers. Il a

---

(1) Je ne voudrois point garantir qu'il poffédât bien cette Langue. Les contrefens que j'ai relevés, & quelques autres dont je me fuis aperçu, & dont je n'ai point parlé, autorifent mon doute.

cru porter à la Religion des coups mortels;
& dont il penſoit qu'elle ne ſe releveroit
jamais. Ses traits l'ont à peine effleurée.
J'avois d'abord intention de venger les in-
ſultes qu'il lui a faites; mais ne l'ayant point
étudiée en Théologien, mais ſeulement
en homme du monde qui cherche à s'inftruire, & qui ne veut pas croire purement
& ſimplement, parce qu'on lui a dit qu'il
falloit croire, j'ai craint de laiſſer échapper
quelque parole indiſcrete dont ce Sophiſte
ne manqueroit pas de ſe prévaloir. Auſſi en
laiſſerai-je le ſoin aux perſonnes qui, par
état, doivent veiller au précieux dépôt de
la Foi. Pour moi, me renfermant dans les
bornes de l'Erudition, je me ſuis contenté
de mettre en évidence des plagiats, de
fauſſes citations, des paſſages mal enten-
dus, & des traits d'ignorance dans l'Hiſtoire
& la Chronologie. Si j'euſſe voulu tout
relever, d'une brochure j'aurois fait un
volume, mais j'ai craint d'abuſer de la
patience du Public, & j'ai penſé que les

fautes que je rapportois, suffisoient pour donner une idée de cet Ouvrage, & pour mettre les Lecteurs en état de l'apprécier. La plupart trop prévenus en faveur du prétendu Abbé Bazin, séduits par les agrémens de son style, éblouis par l'érudition qu'ils lui voient répandre à pleines mains, l'écoutent comme une Divinité, & reçoivent, avec respect, les Oracles qu'il veut bien prononcer. J'ai cru devoir écarter le voile qui nous cachoit l'idole, & l'exposer nue & à découvert aux regards de ses Adorateurs, persuadé qu'ils n'en pourroient soutenir la difformité.

C'est au Lecteur à décider si je l'ai fait avec succès. La seule chose dont je dois le prévenir, c'est que je n'ai point cherché à affoiblir les objections par la manière de les présenter. Je les ai toujours rapportées dans les termes mêmes de l'Auteur, comme il sera aisé de s'en convaincre, & j'ai cité à la marge les pages de l'édition dont je me suis servi. Elle est *in*-8.º le titre indique

qu'elle a été imprimée à *Amſterdam*, chez
Changuion, 1765 : elle a 304 pages. L'E-
dition contrefaite porte le même titre,
eſt de même format; mais elle a 336 pages, & elle eſt plus mal imprimée. J'en
ai cité auſſi les pages que j'ai fait mettre
entre deux crochets. J'ai cru devoir joindre ici l'Index des Auteurs que j'ai cités,
& des Editions dont j'ai fait uſage. Cela
mettra les Lecteurs à portée de vérifier mes
citations. J'aurois ſouhaité que le prétendu
Abbé Bazin eût fait la même choſe; le plus
ſouvent il ſe contente de citations vagues.
Cela m'auroit évité bien de la peine & une
grande perte de temps; mais il avoit de
bonnes raiſons pour ne le point faire.

INDEX

DES AUTEURS QUE J'AI CITÉS,

Et des Éditions dont je me suis servi.

PEtri-Danielis HUETII Demonſtratio Evangelica.
Tertia Editio : *Pariſiis*, Hortemels, 1690, *in-fol.*

The Divine Legation of MOSES demonſtrated in
nine books. The fourth edition. By William
Lord Bishop of Gloucester : *London*, Millar,
1765, 5 *vol. in-*8.°
N. B. Il n'a paru encore que les ſix premiers livres de
ce bon Ouvrage ; il doit y en avoir encore trois autres que
l'on attend avec impatience, & qui feront probablement
deux autres volumes.

Samuelis BOCHART opera omnia : hoc eſt, Phaleg,
Chanaan & Hierozoicon. Curâ Joh. LEUSDEN &
Pet. DE VILLEMANDY : *Lugd. Bat.* Luchtmans,
1712, 3 *vol. in-fol.*
Cette Edition étant chiffrée par colonnes, je l'ai citée
de la ſorte.

PHILONIS Judæi opera Græc. & Lat. *Aureliæ Al-
lobrogum*, 1613, *in-fol.*

5. Sancti JUSTINI Martyris opera : TATIANI ad-
verſus Græcos Oratio : ATHENAGORÆ legatio.

pro Chriftianis : Sancti THEOPHILI tres ad Autolycum libri, &c. Græc. & Lat. operâ & ftudio
unius ex Monachis Congregationis fancti Mauri :
Parifiis, Ofmont, 1742, *in-fol.*

Sancti THEOPHILI tres ad Autolycum libri. *Voyez
l'Édition précédente de Saint Juftin.*

Eufebii PAMPHILI opera, fcilicet : Præparatio &
Demonftratio Evangelica. Græc. & Latine. Ex
verfione & cum notis Fran. VIGERI è Soc. Jefu :
Parifiis, Sonnius, 1628, 2 *vol. in-fol.*

Clementis ALEXANDRINI opera omnia. Græc. &
Lat. ex Edit. Joh. POTTERI Cantuarienfis Ar-
chiepifcopi. *Oxonii* è Theatro Sheldoniano,
1715, 2 *vol. in-fol.*

Sancti IRENÆI opera Græc. & Lat. ex novâ Edi-
tione Renati MASSUET Benedictini. *Parifiis,*
Coignard, 1710, *in-fol.*

10.   ORIGENIS opera omnia. Græc. & Lat. ex Edi-
tione Caroli DE LA RUE Benedictini. *Parifiis,*
1733, &c. 4 *vol. in-fol.*

LACTANTII FIRMIANI opera cum felectis variorum
commentariis, ftudio Servati GALLÆI ; *Lugd.
Bat.* Hackius, 1660, *in-8.°*

PLATONIS opera omnia, Græc. & Lat. ex verfione

Chronicus Canon Ægyptiacus, Hebraïcus, Græcus, & difquifitiones Joh. MARSHAMI : *Londini,* Roycroft, 1672, *in-fol.*

Hieronymi VECCHIETI Florentini opus de anno primitivo ad annum Julianum accommodato, & de facrorum temporum ratione libri octo. *Augufta Vindelicorum,* 1621, *in-fol.*

Dionyfii PETAVII, è Soc. Jefu opus de doctrinâ temporum : cum præfatione & differtatione de lxx. hebdomadibus Joh. HARDUINI ejufdem Societatis. *Antverpiæ,* 1705, *in-fol.* 3 *vol.*

50. Chronologia reformata & ad certas conclufiones redacta. Auctore R. Pat. RICCIOLO, è Soc. Jefu. *Bononiæ,* 1669, *in-fol.*

Chronicon Hiftoriam catholicam complectens, ab exordio mundi ad Nativitatem J. Chr. & exinde ad annum à Chrifto nato lxxi. Auctore SIMSONO, cum animadverfionibus Petri WESSELINGII : *Amftelodami,* Schouten, 1752, *in-fol.*

PERIZONII Origines Babylonicæ & Ægyptiacæ. Edit. fecunda. Curâ Car. And. Dukeri. TRAJECTI ad Rhenum, 1736, *in*-8.° 2 *vol.*

Imperium Babylonis & Nini ex monumentis antiquis : Auctore Joh. Frider. SCHRŒERO : *Francofurti,* 1726, *in*-8.°

Eufebii Pamphili Hiftoria Ecclefiaftica, &c. Græc.
& Lat. cum notis Henr. Valesii, Curâ Gul.
Reading : *Cantabrigiæ*, Crownfield, 1720,
3 *vol. in-fol.*

55. Flavii Josephi opera omnia Græc. & Lat. ex
novâ verfione, & cum notis Joh. Hudsoni, &c.
Curâ Sigeberti Havercampi : *Amftelod.* 1726,
2 *vol. in-fol.*

Herodoti Halicarnassei Hiftoriarum libri novem Græc. & Lat. cum notis Th. Galæi & Jac.
Gronovii. Editionem curavit, & fuas, item Lud.
Gafp. Valckenarii notas adjecit Pet. Wesselingius : *Amftelodami*, Schouten, 1763, *in-fol.*

Recherches & Differtations fur Hérodote, par M. le
Préfident Bouhier : *Dijon*, 1746, *in-4.°*

Xenophontis de Cyri expeditione libri octo.
Græc. & Lat. cum notis Hutchinson : *Oxonii*,
1727, *in-4.°*

Xenophontis de Cyri expeditione libri feptem.
Græc. & Lat. cum notis Hutchinson : *Oxonii*,
1735, *in-4.°*

60. Hiftoire ancienne des Egyptiens, des Carthaginois, &c. par Ch. Rollin : *Paris*, Etienne,
1733, *in-12*, 14 *vol.*

Diodori Siculi Bibliothecæ Hiftoricæ libri qui fu

SUPPLEMENT

SUPPLÉMENT

A LA

PHILOSOPHIE

DE L'HISTOIRE

DE FEU M. L'ABBÉ BAZIN.

J'AI exposé dans ma Préface les raisons qui m'ont fait mettre la plume à la main : sans autre préambule j'entre en matière.

» Ce fut là, sans doute, l'origine de cette » opinion si généralement & si long-temps ré- » pandue, que chaque Peuple étoit réellement » protégé par la Divinité qu'il avoit choisie. » Cette idée fut tellement enracinée chez les » hommes, que dans des temps très-postérieurs, » on la voit adoptée par les Juifs eux-mêmes.

Philof. de l'Hiftoire, p. 20, (22.]

D

» Jephté dit aux Ammonites : *Ne possédez-vous*
» *pas de droit ce que votre Seigneur Chamos vous*
» *a donné? Souffrez donc que nous possédions la*
» *terre que notre Seigneur Adonaï nous a promise.*

RÉPONSE. La plupart des Juifs de ce temps-là, si enclins
à l'idolâtrie, pouvoient penser de cette manière.
Mais ceux qui, fidèles aux Loix que Dieu leur
avoit dictées, ne reconnoissoient qu'un seul
Dieu, créateur de toutes choses, étoient bien
éloignés d'avoir de pareilles idées. Jephté paroît de ce nombre. Aussi ne dit-il point ce que
M. l'Abbé lui met à la bouche. Voici la manière
dont il s'exprime : *Nonne ea quæ possidet Cha-*
mos Deus tuus, tibi jure debentur? Quæ autem
Dominus Deus noster victor obtinuit, in nostram
cedent possessionem. Jud. cap. XI, ℣. 24. Les
Pays que possède Chamos votre Dieu, ne vous
appartiennent-ils pas de droit? c'est-à-dire, les
Pays qui reconnoissent Chamos pour leur Dieu,
les Pays où Chamos est adoré. L'Abbé Bazin a
beau vouloir donner la torture à ce passage, il
ne lui fera jamais signifier que le Dieu Chamos
ait donné un certain Pays aux Ammonites.

Il est vrai, & je ne dois pas le dissimuler,
l'Hébreu que M. l'Abbé aura consulté dans
quelque Traduction, semble lui donner gain de

cause. Il porte : « Ne croyez-vous pas avoir
» droit de posséder le Pays dont Chamos votre
» Dieu a chassé les Habitans ? » Mais qui ne
voit que c'est un de ces tours familiers aux
Orientaux, qu'il ne faut point prendre au pied
de la lettre. Tous leurs Ouvrages sont pleins
de ces façons de parler. Au reste j'y réponds à
l'article suivant.

» Il y a deux autres passages non moins forts ;
» ce sont ceux de Jérémie & d'Isaïe, où il est
» dit : Quelle raison a eue le Seigneur Melkom
» pour s'emparer du Pays de Gad? Il est clair,
» par ces expressions, que les Juifs, quoique
» serviteurs d'Adonaï, reconnoissoient pourtant
» le Seigneur Melkom & le Seigneur Chamos.

Philof. de l'Hift. Ibid.

1.° On ne trouve rien de pareil dans Isaïe ;
ce passage est de Jérémie, *chap.* 49, ⍩. 1.

RÉPONSE.

2.° Le Prophète s'accommode aux préjugés
de ces Peuples qui reconnoissoient Melchom
pour leur Dieu. C'est comme s'il leur avoit dit :
Pourquoi donc les Peuples qui suivent le culte
de Melchom, se sont-ils emparés de Gad comme de leur héritage? *Cur igitur hereditate posse-
dit Melchom, Gad?* Jerem. 49, ⍩. 1. Jérémie
& les autres Fidèles adorateurs du vrai Dieu,

étoient certainement bien éloignés de reconnoître les Dieux des autres Nations pour de véritables Dieux. M. l'Abbé auroit pu en trouver la preuve dans ce Prophète qu'il cite avec tant de confiance : *Tranſite* (1) *ad inſulas Cethim, & videte, & in Cedar mittite, & conſiderate vehementer, & videte ſi factum eſt hujuſcemodi : ſi mutavit gens Deos ſuos* & certè ipſi non ſunt Dii.

La Lettre, que le même Prophète écrivit aux Juifs qui étoient ſur le point d'être emmenés captifs à Babylone, exprime avec force les mêmes ſentimens.

(2) *Sceptrum autem habet ut homo, ſicut judex regionis, qui in ſe peccantem non interficit.*

Habet etiam in manu gladium, & ſecurim, ſe autem de bello, & à latronibus non liberat. Undè vobis notum ſit quia non ſunt Dii.

Non ergo timueritis eos. Sicut enim vas hominis confractum inutile efficitur, tales ſunt & Dii illorum.

Si donc, au lieu de s'occuper à des Ouvrages frivoles & pernicieux, M. l'Abbé eût employé ſon temps à lire l'Ecriture dans l'eſprit qu'il le devoit ; ſi même il ſe fût contenté de

---

(1) *Voyez* Jerem. *Cap. II*, ℣. 10.
(2) Baruch. *Cap. VI*, ℣. 13, 14, 15.

réciter fon Bréviaire, & entr'autres Pfeaumes,
le cent treizième, qui commence par ces mots :
In exitu Ifraël de Ægypto, &c. il fe feroit épar-
gné cette objection puérile.

» Ophionée, le grand Serpent, fit la guerre
» aux Dieux, long-temps avant que les Grecs
» euffent forgé leur Apollon. Un fragment
» de Phérécide rapporte que cette Fable du
» grand Serpent, ennemi des Dieux, étoit une
» des plus anciennes de la Phénicie.

Philof. de l'Hift. p. 27, (30)

Il y avoit à Meffène un célèbre Devin du
nom d'Ophionée fous le règne d'Euphaës &
d'Ariftodème. Paufanias en fait mention, *liv. 4,
pag.* 304. Mais il n'eft point ici queftion de ce
Devin. Rendons juftice à M. l'Abbé. Phérécyde
parle d'Ophionée. Philon de Byblos nous a
confervé le fragment de ce Philofophe, où il
en eft fait mention. « Phérécyde, dit-il, (1)
» ayant occafion de parler des Phéniciens, dif-
» ferte en Théologien fur le Dieu auquel il
» donne le nom d'Ophionée & fur les Ophio-
» nides. » Phérécyde ne dit rien de plus de ce
Dieu ; Philon ajoute bien qu'il en parlera dans

RÉPONSE.

---

(1) Eufeb. Præpar. Evang. *lib.* 1, *cap.* **X**, *pag.* 41.

la fuite, mais je doute fort qu'il l'ait fait, ou du moins que l'endroit où il en eft fait mention nous foit parvenu.

Il me refte un petit fcrupule. 1.° M. l'Abbé ajoute au récit de Philon de Byblos. 2.° Il y a dans la Traduction latine Ophion au lieu d'O-phionée : or, M. l'Abbé n'a pu confulter que le Latin. Comment a-t-il donc pu éviter la mé-prife du Pere Vigier (1) qui a traduit Eufebe ? Cela paroît étonnant au premier coup d'œil ; mais qu'on ouvre le Dictionnaire de Moréry, à l'article Ophionée , & la furprife ceffera.

Cet Ophionée eft fans doute le même qu'O-phion dont parle Apollonius Rhodius. « Ophion » (2), dit-il, & fa femme Eurynome, fille de » l'Océan, s'étant emparés de l'Olympe, en » furent chaffés par Saturne, & fe précipitèrent » dans l'Océan ». De là vient que l'obfcur Ly-cophron (3) appelle Jupiter Roi du Trône

---

(1) Cette faute eft une bagatelle , & n'empêche pas de regarder, avec raifon, ce Jéfuite comme un homme très-favant. C'eft à ce Père à qui on a obligation des Idiotifmes de la Langue Grecque, (*de præcipuis Græcæ. Dictionis Idiotifmis*) Ouvrage excellent, fouvent réimprimé en Angleterre & en Hollande , & dont la meilleure Edition a parü à Leyde en 1752 , *in-8.°*

(2) Argonaut. *lib.* 1 , *verf.* 503.

(3) Lycophr. Alexandra , *verf.* 1192.

d'Ophion, parce que ce Dieu s'en empara, après en avoir renversé Saturne & Rhée. Æschyle (1) fait allusion à la même chose, lorsqu'il met dans la bouche de Prométhée ces paroles qui s'adressent à Mercure : « Croyez-vous donc » habiter une forteresse inaccessible à la douleur? » ces yeux n'ont-ils pas été témoins de la chute » de deux de ses Rois ; ils verront bientôt le » troisième chassé honteusement ». Ces deux Rois que Prométhée a vu chasser du Ciel, ce sont Ophion & Saturne, comme le Scholiaste nous l'apprend.

Claudien met Ophion au nombre des Titans qui voulurent escalader le Ciel, & qui furent écorchés en punition de leur attentat.

> *Hos onerat ramos exutus Ophion.*
> Claudian. *de Raptu Proserp. lib. 3 , verf. 348.*

Où *exutus Ophion* est pour *exuviæ Ophionis*, la dépouille, la peau d'Ophion.

Quelques Auteurs, & entr'autres le Philosophe Albricus (2) confondent les Titans avec les Géans. Servius les distingue très-bien. Suivant

-----

(1) Æschyl. Prometh. vinctus. *verf.* 954.

(2) Philosoph. Albricus inter Auctores Mythographos, *pag.* 919.

cet habile Grammairien, les premiers s'élevèrent contre Saturne, les autres contre Jupiter.
*Titanas contra Saturnum genuit (Terra); Gigantas
posteà contra Jovem.* Servius ad Virgil. *Æn. VI,
vers.* 580.

*Philof. de
l'Hift.p. 55.
(61)*

» Le prétendu Empire d'Affyrie n'exiftoit pas
» même encore dans le temps où l'on place
» Jonas ; car il prophétifoit, dit-on, fous le
» Melk ou Roitelet Juif Joas ; & Phul qui eft
» regardé dans les Livres Hébreux, comme le
» premier Roi d'Affyrie, ne régna, felon eux,
» qu'environ 52 ans après la mort de Joas.

RÉPONSE.

Qui ne feroit indigné de la témérité de l'Abbé, qui, fur d'auffi foibles raifons, ofe révo-
quer en doute que Dieu ait envoyé Jonas à
Ninive pour l'exhorter à la pénitence. « Cette
» Ville n'étoit pas bâtie, dit-il plus haut, ou du
» moins étoit fort peu de chofe, & le prétendu
» Empire d'Affyrie n'exiftoit pas encore alors ».

Les fentimens font fort partagés fur l'époque
de l'origine & de la fin de l'Empire d'Affyrie.
On doit en être d'autant moins furpris, que
tout ce qui regarde cet Etat eft couvert d'épaif-
fes ténèbres. Voici ce qui m'a paru de plus
plaufible.

Suivant Hérodote (1) l'Empire d'Assyrie avoit duré 520 ans, lorsque les Medes en secouèrent le joug. Ces Peuples ayant recouvré leur liberté, ne se donnèrent pas aussi-tôt un Roi. Il y eut un temps d'Anarchie. Hérodote ne marque point combien il dura. Diodore de Sicile dit qu'il subsista pendant beaucoup (2) de générations. Cela ne présente rien de fixe, mais on doit entendre au moins huit ou dix générations. S'il n'y en avoit eu que quatre, comme le prétend feu M. le Président Bouhier (3), Diodore de Sicile auroit dû mettre quelques générations. Ce Savant assigne en conséquence 150 ans à cet Etat de pleine liberté. Pour moi je le restreins à six ans. 1.° On ne peut guères compter sur le témoignage de Diodore. Ce qu'il dit de l'Assyrie est une compilation où il tâche de faire accorder Hérodote avec Ctésias, Auteur reconnu pour fabuleux. 2.° Il ne paroît point vraisemblable que la Médie ait pu subsister si long-temps parmi les désordres dont Hérodote (4) nous fait la description. 3.° Hérodote (5) assigne

----

(1) Herodot, *lib.* 1, 95.
(2) Diod. Sicul. *lib.* 2, 32.
(3) Recherches & Dissertations sur Hérodote, *pag.* 16.
(4) Herod. *lib.* 1, 96 & 97.
(5) Id. ibid. 130.

128 ans à l'Empire des Medes, fans y comprendre les 28 ans que les Scythes en furent les Maîtres. En les ajoutant, cela fait 156; maintenant cet Hiftorien ne donne que 150 ans de règne aux Princes qui fuccédèrent à l'Etat d'Anarchie. Ces fix ans de plus ont embarraffé la plupart des Chronologiftes, & leur ont fait penfer qu'il s'étoit gliffé quelque part une erreur dans les calculs d'Hérodote. Pour moi je crois bien plus fimple de fuppofer que ce font (1) les années d'Anarchie dont il eft fait mention dans cet Hiftorien.

Les Mèdes, voulant remédier aux maux occafionnés par l'anarchie, élurent Déjocès pour Roi (2). Ce Prince régna 53 ans (3). Son fils Phraorte lui fuccéda. Son règne fut de 22 ans (4). Cyaxare régna 40 ans; mais il faut y comprendre les 28 que les Scythes (5) poffédèrent l'Empire de l'Afie fupérieure. Κυαξαρὴς μὲν βασιλεύσας τεσσερά-κοντα ἔτεα, σὺν τοῖσι Σκύθαι ἦρξαν, τελευτᾷ.

---

(1) Je me fuis aperçu à la lecture d'un Mémoire de M. le Préfident de Broffes, fur la Monarchie de Ninive, que ç'avoit été auffi le fentiment de Conringius. Je fuis charmé de me rencontrer avec ce Savant.

(2) Herod. ibid. 98.

(3) Id. ibid. 102.

(4) Id. ibid.

(5) Id. ibid. 106.

Le P. Pétau place le commencement de
Déjocès l'an 4018 de la période Julienne; mais
comme il ne lui assigne que 40 ans de règne, &
que suivant Hérodote ce Prince en régna 53,
comme je viens de le dire, il faut le faire remonter à l'an 4005. Cela le met de niveau avec le
calcul de Simson (1) qui place le commencement
de ce Prince 707 ans avant la naissance de Jésus-
Christ ; c'est-à-dire, l'an 4007. M. le Président
Bouhier me paroît le reculer un peu trop, en le

---

(1) Simsoni Chronicon Historiam Catholicam complectens, &c. *colonne* 522.

L'an 4005 de la période Julienne, répond à l'an 709 avant
notre Ere. Simson met le commencement de Déjocès l'an
707 avant J. C. Cette époque paroît au premier coup d'œil
contredire celle du P. Pétau. Ces deux Savans sont cependant
d'accord. Voici la raison de cette différence. Simson fait
naître J. C. l'an 752 de la fondation de Rome, & le P. Pétau
l'an 753. De plus l'habile Chronologiste Anglois compte les
années avant la naissance de J. C. & le savant Jésuite celles
avant notre Ere, qui ne commence que lorsque ce divin
Sauveur a un an accompli. Cela fait par conséquent deux
ans de différence entre ces deux Savans. En ajoutant ces deux
années à 707, on aura 709 qui est le nombre du P. Pétau.
Ces deux Savans ont préféré Eusebe Pamphile, qui assigne
la quatrième année de la dix-septième Olympiade à l'élé-
vation de Déjocès au trône de Médie. J'ai mieux aimé
suivre le calcul de Diodore de Sicile. A l'égard du temps
où Simson place la naissance de Jésus-Christ, il se trompe
certainement. L'Ere commune ou de Denys commence
l'an 754 de Rome, comme l'ont prouvé les plus habiles
Chronologistes. C'est celle qu'a suivie le P. Pétau.

*

plaçant l'année 3999. Diodore de Sicile dit qu'il fut élu Roi (1) la seconde année de la dix-septième Olympiade. Ce savant Président en convient ; mais il veut, on ne sait trop pourquoi, que ce soit une faute d'impression (2), à moins qu'on ne dise que cette époque l'embarrassoit, & qu'il l'a voulu adapter à son système. Cette année concourt, suivant le P. Pétau, avec l'an 4003 de la Période Julienne, ou 711 ans avant notre Ere, & suivant Simson à l'an 709. Mais cela revient au même, comme je l'ai fait voir en note, *pag.* 59.

Suivant toutes les apparences les Scythes s'emparèrent de l'Asie la seconde année de Cyaxare ; ils en furent les maîtres pendant vingt-huit ans. Ce Prince les chassa par conséquent la trentième année de son règne ; deux ou trois ans après il recommença le siège de Ninive que l'irruption des Scythes lui avoit fait lever, & il la prit.

M. le Président Bouhier (3) pense que Ninive a été prise (4) deux fois par les Mèdes. La première par Cyaxare ; la seconde par Astyage

---

(1) Diodor. Sicul. 2, §. 32, *pag.* 146. *Voyez* la note (2) *pag.* 62 de cet Ouvrage.

(2) Recherches & Dissert. sur Hérod. *pag.* 38 & 39.

(3) Ibid. *pag.* 239.

(4) Le P. Pétau est de même sentiment. *De Doctrinâ tempor. lib. X, Cap. III, pag.* 88 , *col.* 2.

fon fucceffeur. Cyaxare, dit-il, devint le maître de tout l'Empire, à l'exception de ce qu'il
en laiffa aux Rois de Babylone. Il paroît même
par un paffage d'Hérodote, ajoute-t-il, que
Ninive tomba en partage aux Babyloniens; car
il (Hérodote) nous apprend qu'environ trente
ans après les Mèdes reprirent fur eux cette
Ville.

Telles font les raifons de M. le Préfident
Bouhier. Mais on ne trouve rien d'approchant
dans Hérodote. Nitocris, dit cet Hiftorien,
ayant remarqué (1) que l'Empire des Mèdes,
devenu confidérable, ne pouvoit refter en re-
pos, qu'ils s'étoient rendus maîtres de plufieurs
Villes, & entr'autres de Ninive, &c. Il n'y a
pas un mot dans ce paffage qui indique que
Ninive ait été prife fur les Babyloniens. Il ne
s'agit en ce paragraphe que des fuccès des
Mèdes fous Cyaxare. Nitocris, Princeffe fage
& appliquée au bien de fes Etats, faifant réflexion fur le renverfement de l'Empire d'Affyrie, l'agrandiffement des Mèdes & le voifinage de ces Peuples, crut devoir fe précautionner contre leur ambition, & mettre fa capitale
à l'abri de toute infulte de leur part.

____

(1) Herod. 1, 185.

M. le Président ajoute que Ninive fut prise la seconde fois par Astyage. Mais comme il n'appuie son hypothèse que sur le même passage d'Hérodote, la même réponse suffit pour la détruire.

Strabon (1) dit expressément que Ninive disparut aussi-tôt après la destruction de l'Empire d'Assyrie. Νῖνος πόλις ἠφανίσθη παραχρῆμα μετὰ τὴν τῶν Σύρων κατάλυσιν. Mais le savant Président ne veut point qu'on prenne cela à la lettre, & il prétend que cela signifie seulement que cette Ville ne tarda pas à être absolument ruinée.

Ces paroles de Strabon ne sont point susceptibles d'un autre sens que de celui que je leur ai donné. L'habile Président le savoit aussi-bien que personne; mais il s'est laissé entraîner par l'esprit systématique.

Revenons à la Chronologie de l'Empire d'Assyrie. En plaçant avec Diodore de Sicile (2) le

---

(1) Strab. *lib.* 16, *pag.* 1071.

(2) *Diod. Sicul..* 2, 32. Diodore cite Hérodote, mais cet Auteur ne parle pas d'Olympiades. Il est vraisemblable qu'ayant lui-même assigné la première année de la cinquante-cinquième Olympiade pour le commencement du règne de Cyrus, comme nous l'apprenons de la Chronologie de Jules Africain, (*Euseb. Præp. Evang. pag.* 488) il est parvenu à cette époque en déduisant ensuite les années des Rois Mèdes.

commencement de Déjocès la seconde année de la dix-septième Olympiade, c'est-à-dire l'an 4003, Ninive aura été prise la trente-troisième année de Cyaxare, c'est-à-dire, l'an 4111 ; ainsi nous aurons les époques suivantes.

Les Mèdes secouent le joug d'Assyrie en... 3997.
Déjoces commence à règner en........ 4003.
(1) Phraorte en........................ 4056.
    Cyaxare en......................... 4078.
(2) L'irruption des Scythes en............ 4080.
Le Massacre des Scythes en............ 4108.
La prise de Ninive en................. 4111.

Si de 3997, époque de l'affranchissement des Mèdes, vous retranchez les 520 ans qu'Hérodote assigne à l'Empire d'Assyrie depuis son ori-

---

(1) M. le Président Bouhier prétend qu'il y a une faute d'impression dans Hérodote , & qu'au lieu de 22 ans, il faut lire 28. Toutes les Editions & tous les Manuscrits connus ont 22. M. le Président Bouhier ne propose cette correction que parce que ce nombre ne s'accorde point avec son systême. Voyez le commencement de cet article.

(2) Le Père Hardouin (1) & Schroeer (2) ont prétendu qu'il falloit abréger de six ans le règne des Scythes pour le concilier avec ce que dit Hérodote au §. 130. M. Desvignoles les a réfutés , mais il augmente par la même raison le règne de Déjocès de six ans. Ces Savans n'ont pas fait attention qu'Hérodote comprend vraisemblablement au paragraphe 130 les années d'anarchie.

(1) Oper. Select. *pag.* 549.
(2) Schroeer de Imperio Babylonis & Nini. *Sect. IV, §. 13.*

gine jufqu'à la défection de ces Peuples, on remontera jufqu'en 3477. Ainfi cet Empire commença l'an de la Période Julienne 3477, c'eft-à-dire 1237 ans avant notre Ere, & il finit l'an 4111 ou 603 avant l'Ere commune. Jonas n'a pu prêcher aux Habitans de Ninive avant l'an 3890, comme je le dirai en rapportant le fyftême du P. Pétau. Il y avoit donc au moins 413 ans que fubfiftoit l'Empire d'Affyrie, dont Ninive étoit la capitale, lorfque le Prophète s'y rendit par ordre de Dieu.

Je me fuis contenté de faire voir en quel temps avoit commencé l'Empire d'Affyrie, dont Ninive (1) étoit la capitale, & en quel temps il avoit été détruit, fans m'arrêter à fes derniers Rois fur lefquels il n'y a rien de certain. On peut feulement affurer que la douzième année de Nabuchodonofor, Roi d'Affyrie, corref-pond avec la vingt-deuxième de Phraorte, Roi des Mèdes, c'eft-à-dire, avec l'an 4078 ; il eft vrai qu'il n'eft fait mention de ce Prince que dans le Livre de (2) Judith, & que les

---

(1) Je parlerai bientôt de l'origine de cette Ville en ré-pondant aux objections qu'on pourroit former contre ce fyftême.

(2) Anno igitur duodecimo regni fui Nabuchodonofor, Rex Affyriorum qui regnabat in Ninive civitate magnâ

Proteftans

Proteſtans ne regardent pas ce Livre comme canonique. Mais du moins eſt-il ſûr que cet Ouvrage eſt très-ancien, & qu'à ne le conſidérer que ſous ce point de vue, il mérite autant notre confiance qu'aucun Auteur profane. Le dernier Roi eſt Sardanapale, ſecond du nom. Suidas en fait mention, auſſi-bien que le Lexique, manuſcrit de Photius. Mais voyez la ſavante Diſſertation de l'illuſtre Préſident Bouhier, *pag.* 213 *de ſes Recherches & Diſſertations ſur Hérodote.* A l'égard des autres Rois de cet Empire, cela demanderoit des diſcuſſions qui alongeroient beaucoup cet article, & qui deviendroient fort inutiles par rapport à la queſtion préſente, ſur-tout quand on a fixé la date de l'origine & de la priſe de Ninive.

---

pugnavit contra Arphaxad & obtinuit eum. Judith, *cap.* 1, ℣. 5.

Le P. Pétau prétend que cet Arphaxad eſt le Déjocès d'Hérodote. Il ſe fonde ſur ce qu'au premier verſet, ce Prince eſt dit avoir bâti la Ville d'Ecbatane ; mais ſon fils Phraorte peut l'avoir agrandie &'embellie, raiſon ſuffiſante pour lui donner le nom de Fondateur. 2.º Déjocès vécut tranquillement ; & ſuivant Hérodote (1) Phraorte périt dans une bataille qu'il donna contre les Aſſyriens la vingt-deuxième année de ſon règne ; & c'eſt ce qui m'a fait dire que la douzième année de Nabuchodonoſor, Roi d'Aſſyrie, correſpondoit avec la vingt-deuxième de Phraorte.

(1) *Lib.* 1, §. 102.

E

Après avoir exposé aussi briévement qu'il m'a été possible mon système, il est, je crois, à propos de passer aux objections que l'on pourroit y faire. Les principales se tirent des Livres Saints.

L'Ecriture fait remonter l'Empire d'Assyrie presqu'au même temps que celui de Babylone. En effet, aussi-tôt après avoir rapporté la fondation de ce dernier Empire, elle ajoute qu'Assur sortit de la Terre de Sennaar, & bâtit Ninive (1) : *De terrâ illâ* (Sennaar) *egressus est Assur, & ædificavit Niniven.*

A Dieu ne plaise que j'admette jamais une hypothèse que contrediroient les Livres Saints. On a expliqué diversement ce passage. Bochart & quelques autres Savans l'entendent elléiptiquement, comme s'il y avoit *egressus est* Nimrod *in Assur,* & prennent Assur pour le nom d'un Pays. Cette ellipse est dure, aussi le Père Pétau & Périzonius l'ont-ils rejetée.

Le P. Pétau (2) prétend que Bélus est le même que l'Ecriture appelle Nemrod ; que Ninus son fils est le même qu'Assur ; qu'Assur n'est point un nom propre, mais le nom d'un peu-

---

(1) Genes. X, y. 11.
(2) De Doctr. tempor. *vol.* 2, *lib.* 9, *cap.* 13, *p.* 18.

ple, & qu'ainsi Assur ne signifie autre chose que Ninus Assyrius.

Ce qui a trompé ce Savant, c'est que Moïse, après avoir parlé (1) de Nemrod & de Babylone la capitale de ses Etats, fait tout de suite mention d'Assur, Fondateur de Ninive. Il l'a cru en conséquence fils de Nemrod, & par conséquent descendant de Cham. Mais l'Ecriture ne dit nulle part qu'Assur eut Nemrod pour père.

L'Historien sacré, venant à raconter l'origine de Babylone, en prend occasion de parler de celle de Ninive, ville aussi considérable, & qu'on pouvoit regarder comme étant dans le même Pays : mais il n'avance rien qui puisse faire soupçonner que Ninive ait été fondée en même temps que Babylone. Il est clair que le verset onzième du chapitre dix de la Genèse doit être mis entre parenthèses, & qu'il ne se rapporte en aucune manière à ce qui précède. Périzonius l'a très-bien prouvé; on peut consulter (2) ses *Origines Babylonicæ & Ægyptiacæ.* De plus on ne voit dans l'Ecriture que deux personnes du nom d'Assur; la première, fils

____

(1) Genes. X, ℣. 8, 9, & 10.

(2) Vol. 1, cap. 4, pag. 55 & seq.

de (1) Sem ; la seconde, arrière-petit-fils (2) d'Abraham par Cétura.

ABRAHAM. .... CETURA.
JECSAN.
DADAN.
ASSURIM.

Il s'agit maintenant de savoir lequel de ces deux Affur est le Fondateur de Ninive. L'Ecriture ne le détermine pas. Ainsi nous avons le champ libre aux conjectures.

Abraham envoya vers l'Orient les fils qu'il avoit eus de Cétura : *Filiis* (3) *autem concubinarum largitus est munera, & separavit eos ab Isaac filio suo, dum adhuc ipse viveret, ad plagam Orientalem.*

Or ce pays Oriental n'est autre chose que la terre de Sennaar. Elle est connue sous cette dénomination en cent endroits de l'Ecriture. Nabuchodonofor est appelé dans Isaïe, *Chap. XIV*, ℣. 12 (4), Lucifer, *filius Auroræ.* Les Arabes donnent aux Chaldéens le nom de

---

(1) Fili Sem : Ælam & Affur, & Arphaxad, & Lud & Aram. Genef. X, ℣. 22.

(2) Genef. XXV, ℣. 1, 2 & 3.

(3) Genef. XXV. 6.

(4) Il y a dans la Vulgate, *Quomodo cecidisti de cælo Lucifer, qui mane Oriebaris ?* Mais cela revient au même.

Zabii, c'est-à-dire, Orientaux ; Memnon, ce fils de l'Aurore, avoit suivant (1) Æschyle, pour mère, une Cissiène. Les Cissiens faisoient partie de la Chaldée, ou du moins ils y touchoient. Ainsi les Auteurs sacrés & profanes désignent d'un commun accord la Chaldée, sous le nom d'Orient. Or ce fut de ce pays, où Abraham avoit envoyé les enfans de Cétura, que sortit Assur, pour aller fonder Ninive : *De terra* (2) *Sennaar egressus est Assur, & ædificavit Niniven.* Ce qui donne plus de poids à cette conjecture, c'est qu'Alexandre Polyhistor (3), raconte que le Prophète Cléodème, qui a écrit l'Histoire des Juifs, dit, de même que les Livres sacrés, qu'Abraham eut plusieurs enfans de Chatoura. Il en nomme trois, Aphera, Surim & Japhra. Surim, dit-il, donna son nom à l'Assyrie. Ce Surim ne peut être que l'Assurim de l'Ecriture ; les Grecs donnant indistinctement à ce pays le nom de Syrie ou d'Assyrie.

On ne peut assurer en quel temps cet arrière-petit-fils d'Abraham bâtit les villes de Ninive, Rehoboth, Ir & Calah ; mais il y a grande ap-

------

(1) Strab. Geogr. *lib.* 15, *pag.* 1058.
(2) Genef. X, ℣. 11.
(3) Joseph. Antiq. Judaïc. *lib.* 1, *cap.* 11, *pag.* 41.

E 3

parence que ce fut vers celui de l'entrée des Iſraëlites en Egypte. Ainſi ce doit être vers l'an 2967, c'eſt-à-dire, 510 ans avant que l'Aſſyrie devint un Etat réglé. 1.° L'Ecriture ne dit pas qu'Aſſur fonda un état, comme elle le dit de Nemrod. 2.° Quand elle parle des villes que conſtruiſit ce petit-fils d'Abraham, il ne faut pas croire que ce fuſſent des villes puiſſantes. Ce ne pouvoit être que de chétives habitations, & ce terme ſe prend ſouvent dans l'Ecriture pour un ſimple domicile, ſtable & fixe, par oppoſition à la vie ambulante des premiers hommes. Et c'eſt dans ce ſens qu'il faut entendre la ville de Naïs que Caïn (1) ſe bâtit.

Une autre difficulté qui paroît inſoluble à bien des perſonnes, c'eſt que Ninus, ſuivant Hérodote (2), eſt fils de Belus. Or Belus eſt Nemrod. Cependant il me ſemble qu'il n'y a rien de ſi aiſé que d'y répondre. Hérodote ne parle point en cet endroit des Rois d'Aſſyrie, mais des Rois Lydiens, de la race des Héraclides ; & il n'y a rien en ce paragraphe qui puiſſe donner à penſer qu'Agron, premier Roi Lydien de cette race, ſoit fils de Ninus Roi d'Aſſyrie.

---

(1) Joſeph. Antiq. Jud. *lib.* 1, *cap.* 2, §. 2.
(2) *Lib.* 1, *cap.* 7.

Mais, en le suppofant, cela feroit un fynchro-nifme qui viendroit à l'appui de mon fyftême, ou plutôt de celui d'Hérodote, fur le commen-cement du règne de Ninus.

Nous avons prouvé plus haut, que Ninus avoit commencé fon règne l'an 3477, ou, ce qui eft la même chofe, que l'Empire d'Affyrie datoit de ce temps-là. Il s'agit maintenant de faire voir qu'Agron, tige des Héraclides, re-monte à peu-près au même temps.

La prife de Sardes par Cyrus, doit fervir de bafe à la chronologie des Rois de Lydie.

Simfon met la prife de cette Ville la dernière année de la cinquante-huitième Olympiade ; le favant P. Pétau, la première année de la cinquante-neuvième Olympiade ; je n'examine-rai point leurs raifons, cela me meneroit trop loin. J'aime mieux fuivre la chronique de Paros, l'un des plus précieux reftes de l'antiquité. Cette chronique la fixe (1) la 3e année de la 59e Olympiade, c'eft-à-dire, l'an 4172 de la Période Julienne. Créfus (2) avoit déja régné 14 ans, lorfqu'il fut fait prifonnier. Il commença

---

(1) Les chiffres de cette époque, qui eft la quarante-troifième, font effacés ; mais la précédente fert à la fixer.

(2) Herod. *lib.* 1, §. 86.

par conféquent à régner l'an 4158. Alyatte (1) régna 57 ans ; Sadyatte (2) 12, Ardys (3) 49, & Gygès, auteur de la race des Mermnades (4) 38 ans. Ainfi ce Prince commença fon règne l'an de la Période Julienne 4002. La Dynaftie précédente avoit été cinq cents cinq ans fur le trône , lorfque Gygès s'en empara. Par conféquent, fi l'on ôte ces 505 ans de 4002, il fe trouvera qu'Agron remonte à l'an 3496.

Dynaftie des Héraclides.

AGRON commence à régner en.......3496.
CANDAULE eft tué en.............4001.

Dynaftie des Mermnades.

GYGES commence fon règne en......4002.
ARDYS en......................4040.
SADYATTE en.,..................4089.
ALYATTE en....................4101.
CRESUS en.....................4158.

Ninus a commencé à régner en 3477, comme nous l'avons vu plus haut. Il peut par confé-

___

(1) Herod. *lib.* 1 , 25,
(2) Id. *lib.* 1 , 16.
(3) Id. *lib.* 1 , 16.
(4) Id. *lib.* 1 , 14.

quent se faire qu'un de ses fils ait régné sur les Lydiens (1), quinze ans après , c'est-à-dire, en 3496.

A l'égard de Belus, père de Ninus , Hérodote (2) se contente de dire , qu'il étoit fils d'Alcée, & petit-fils d'Hercule, par une esclave de Jardanus ; toutes choses qui paroissent d'autant moins convenir à Belus Roi de Babylone, que la plupart des Chronologistes mettent à peu-près entre Jardanus & Candaule le même intervalle qu'Hérodote , & que , suivant les mêmes Chronologistes , Belus remonte beaucoup plus haut.

Après avoir exposé mon système (3) sur

---

(1) Du moins la Chronologie ne s'y oppose-t-elle pas. Mais comment se peut-il faire, me dira-t-on , que le fils d'un Roi d'Assyrie ait pu monter sur le Trône de Lydie. Je n'en sais rien. Mais il me suffit que ce fait soit du nombre des possibles , & qu'il me soit garanti par un Historien aussi vrai & aussi exact qu'Hérodote.

S'il ne nous restoit que des fragmens sur l'Histoire de la fin du onzième siècle & du commencement du douzième , qui pourroit se persuader que Godefroy de Bouillon, Duc de la baise Lorraine , c'est-à-dire de Brabant , comme on appelle aujourd'hui ce Pays , soit devenu Roi de Jérusalem ? Cet événement me paroît encore plus extraordinaire. Mais nous avons des Histoires & des Monumens qui en constatent l'authenticité ; au lieu qu'il ne reste de l'autre que la simple assertion d'Hérodote.

(1) *Lib.* 1 , §. 7.

(3) Il y a dans les Mémoires de l'Académie des Belles

l'Empire d'Aſſyrie, & répondu aux objeƈtions que l'on pouvoit y faire, il ne conviendroit pas que je paſſaſſe ſous ſilence celui du P. Petau, un des plus grands hommes du ſiècle dernier. M. l'Abbé n'y trouvera pas plus ſon compte.

Ce ſavant Jéſuite penſe (1) qu'il y a eu deux Empires d'Aſſyrie. Le premier fut fondé par Belus, & finit en Sardanapale. Belus eſt le même que l'Ecriture appelle Nemrod: *Fuit autem principium regni ejus Babylon.* (2). Ninus, fils de Belus bâtit la ville de Ninive (3). C'eſt le même que l'Ecriture nomme Aſſur, & qui donna ſon nom à l'Aſſyrie, *De terra illâ (Sennaar) egreſſus eſt Aſſur, & ædificavit Niniven* (4). Il commença à régner l'année 2604 de la

---

Lettres. *vol.* 27, *Mém. pag.* 1, une ſavante Diſſertation de M. le Préſident de Broſſes ſur la Monarchie de Ninive. Elle m'a paru pleine d'érudition & de recherches, cependant elle ne m'a pas fait changer de ſentiment. Je ne ſais ſi je me trompe, mais je crois avoir aſſez prouvé le mien pour n'avoir rien à craindre des objeƈtions du ſavant Préſident ; cependant ſi les bornes de ce petit Ouvrage me l'euſſent permis, j'y aurois répondu d'une manière plus particulière. J'aurai peut être dans la ſuite occaſion de le faire.

(1) De Doƈtrinâ Tempor. *lib.* 9, *cap.* 12 & 13, *pag.* 16 & 17. *lib.* 10, *cap.* 3, *pag.* 88.

(2) Geneſ. *cap.* 10, ℣. 10.

(3) Diodor. Sicul. *lib.* 2, §. 3.

(4) Geneſ. *cap.* 10, ℣. 11.

Période Julienne, ce qui revient à l'an 2110 avant notre Ere. Sardanapale périt, & Ninive fut détruite l'an 3838 de la Période Julienne, suivant le même P. Pétau. Cette ville ne tarda pas à se relever, & ayant secoué le joug des Mèdes, elle redevint aussi florissante que jamais.

L'époque du règne de Phul ne se trouve désignée nulle part. Simson (1) pense qu'il ravagea le pays d'Israël, vers la huitième année de Manahem, seizième Roi d'Israël, qui répond à la quarante-sixième d'Ozias Roi de Juda, autrement nommé Azarias, & à l'an 5950 de la Période Julienne, suivant le P. Pétau.

Jonas n'a pu prophétiser avant la première année de Jeroboam, second du nom, Roi d'Israël (2), c'est-à-dire, avant l'an 3890, le premier empire d'Assyrie étant déja détruit. Ses prédictions, de même que celle de Tobie & de Nahum, ne peuvent regarder que la seconde destruction de Ninive par Cyaxare. Elle arriva

---

(1) Simson. *Chronic. Cathol. pars 3. col.* 478.

(2) C'est aussi le sentiment de Simson (*Chronic. Historiam Catholicam complectens*, pag. 455). Clément d'Alexandrie (*Stromat.* lib. 1, pag. 389) le fait contemporain d'Isaie, d'Amos & d'Osée, & le place sous le règne d'Ozias, mais sans déterminer l'année. Ozias commença à régner l'an 3905; on ne peut par conséquent, en suivant ce Père, mettre Jonas avant cette époque.

l'an 4108. Il y a donc, suivant le P. Pétau, 218
ans entre la prédication de Jonas & la destruction de Ninive, & 203 ou environ, suivant
Clément d'Alexandrie.

Le P. Riccioli (1), autre savant Jésuite, fait
remonter encore plus haut que le P. Pétau,
l'origine de l'empire d'Assyrie. Il la met 2346 ans
avant J. C. mais il suit le calcul de Jules Africain,
qui suppose le monde plus ancien que le P. Pétau.

Ces deux Jésuites pensent qu'il y a eu deux
Empires d'Assyrie. Le sentiment du P. Riccioli est le plus insoutenable. Il prétend que le
premier (2) finit en Sardanapale, 863 ans avant
notre Ere, & que Phul-Bel-Ochus (3), fondateur du second, régna tout de suite. Il donne à
ce Prince 48 ans de règne, & le fait mourir
815 ans avant notre Ere. C'est cependant ce
même Prince qui ravagea le pays d'Israel ; & le
P. Riccioli en convient lui-même, *pag.* 229. Il
n'a pu le faire avant (4) l'an 3943, c'est-à-dire,
771 ans avant J. C. Mais il y avoit déja suivant

___

(1) Chronologia Reformata, *vol. I, pag.* 224.
(2) Ibid.
(3) Id. ibid. *pag.* 235.
(4) Veniebat Phul Rex Assyriorum in terram, & dabat
Manahem Phul mille talenta argenti. *Reg. IV*, c. 15, y. 19.
Manahem monta sur le Trône la trente-neuvième année d'Azarias, autrement nommé Osias, Roi de Juda.

fon calcul, 44 ans qu'il étoit mort. Qu'on ne s'imagine pas que je veuille prêter un ridicule à ce Savant ; je refpecte trop fes lumières pour avoir une pareille intention.

Les hypothèfes de ces deux Savans, en partie fondées fur Ctéfias, & en partie fur Eufébe, font fujettes à bien des difficultés. Il n'eft fait mention dans les Auteurs facrés & profanes, que d'une feule deftruction de Ninive. Si le Mède Arbace a détruit cette ville fous Sardanapale (1), on eft fort étonné de la voir plus puiffante que jamais fous Phul, Theglathphalafar, Salmanaffar & Sennacherib. Si l'Affyrie devient alors foumife aux Mèdes, comment cela peut-il s'accorder avec un paffage de l'E-

---

Anno trigefimo nono A̧ariæ, Regis Juda, regnavit Manahem filius Gadi fuper Ifrael decem annis in Samaria. Ibid. ℣. 17.

La trente-neuviéme année d'Azarias répond à l'an 771 avant notre Ere.

(1) Ce ne peut être que Sardanapale premier. M. le Préfident Bouhier a fort bien prouvé dans fes Recherches & Differtations fur Hérodote, *pag.* 213, qu'il y avoit eu deux Sardanapales Rois d'Affyrie. Mais lorfqu'il prétend qu'Arbace, qui, felon Diodore de Sicile, 2, 32, s'empara de Ninive, étoit le même que Cyaxare, cela ne peut s'accorder, ni avec ce que dit cet Hiftorien, ni avec Hérodote : que les Mèdes fecouèrent alors le joug des Affyriens. Ce Cyaxare eft de beaucoup poftérieur à Arbace vrai ou prétendu.

criture (1), où il paroît que la Médie étoit peu de temps après sous la dépendance des Assyriens.

A l'égard du P. Abram, il ne fait qu'un seul empire d'Assyrie, & cet empire ne finit point à Sardanapale. Une simple notice de ce système n'auroit rien de satisfaisant. Si je l'accompagnois de preuves, cela deviendroit trop long, & je courrois risque de les affoiblir en voulant les abréger. Il vaut mieux renvoyer à l'ouvrage même de l'Auteur (2), ceux qui se plaisent aux discussions chronologiques.

Mais dans ce système & dans tous les autres, Ninive existe long-temps avant la prédication de Jonas. Quant à ce que dit l'Abbé Bazin, que Phul est regardé dans les livres Hébreux, comme le premier Roi d'Assyrie, je l'ai cherché inutilement. Je ne sais que deux endroits où l'Ecriture fait mention de Phul; & il n'y est point dit qu'il soit le premier Roi d'Assyrie: *Veniebat Phul Rex Assyriorum in terram , &*

---

(1) Cepit Rex Assyriorum (Salmanassar) Samariam, & transtulit Israël in Assyrios: posuitque eos in Hala, & in Habor juxtà fluvium Gozan , in civitatibus Medorum. *Reg. lib. IV*, *cap.* 17, *ỳ. 6.*

(2) Nicol. Abrami, è Soc. Jes. Pharus Vet. Testam. Lib. VI. *Parisiis*, 1648, *in-fol.*

L'Ouvrage de ce savant Jésuite ne paroît point dans nos Bibliographies, parce qu'il n'est que savant, & qu'il n'y a rien qui puisse piquer la curiosité des Amateurs de Livres.

dabat Manahem Phul mille talenta argenti, ut effet ei in auxilium & firmaret regnum ejus. Reg. Lib. IV, Cap. 15, ℣. 19. *Et fufcitavit Deus Ifrael fpiritum Phul Regis Affyriorum, &c.* Paralip. lib. I, cap. 5, ℣. 26.

Si l'Ecriture ne parle point des Rois d'Affyrie avant Phul, c'eft qu'ils n'ont eu avant ce Prince aucun intérêt à démêler avec le Peuple choifi, & qu'ils n'entroient point alors dans fon plan.

Il eft vrai que M. l'Abbé Bazin dit, *page 54,* (60) » Il n'y a pas eu plus de Ninus fondateur » de Ninvah, nommée par nous Ninive, que » de Belus fondateur de Babylone. Nul Prince » Afiatique ne porta un nom en *us* ». Mais de ce qu'aucun Prince Afiatique ne porta un nom en *us*, s'enfuit-il que ces Princes n'aient point exifté. M. l'Abbé ne prévoyoit pas fans doute, quand il écrivoit cela, qu'il diroit à la *page 136,* (150) » Les Grecs transformèrent tous les » noms rudes Syriaques, Perfans, Egyptiens ; » de Coresh ils firent Cyrus ; d'Isheth, Oshi- » reth, ils firent Ifis & Ofiris ; de Moph, ils » firent Memphis, & accoutumèrent enfin les » Barbares à prononcer comme eux.

» Hérodote fuppofe un Roi Mède, c'eft-à- » dire, un Roi d'Hircanie, qu'il appelle Aftyage » d'un nom Grec. Cet Hircanien Aftyage, com-

Philof. de l'Hift. p. 59. (65.)

» mande de noyer ſon petit-fils Cyrus au ber-
» ceau, parce qu'il a vu en ſonge ſa fille Man-
» dane, mère de Cyrus, *piſſer ſi copieuſement,*
» *qu'elle inonda toute l'Aſie.* Le reſte de l'aven-
» ture eſt à peu-près dans ce goût ; c'eſt une
» hiſtoire de Gargantua, écrite ſérieuſement.

    » Xénophon fait de la vie de Cyrus un roman
» moral, à peu-près ſemblable à notre Télé-
» maque. Il commence par ſuppoſer, pour faire
» valoir l'éducation mâle & vigoureuſe de ſon
» héros, que les Mèdes étoient des voluptueux
» plongés dans la molleſſe. Des habitans de
» l'Hircanie, que les Tartares, alors nommés
» Scythes, avoient ravagée pendant trente
» années, étoient-ils des Sybarites ?

RÉPONSE.   M. l'Abbé Bazin entaſſe ici mépriſes ſur mépriſes. 1.º Quand même l'Hyrcanie auroit reconnu pour ſouverain le Roi de Médie, il ne
s'enſuivroit pas que les limites de ces deux
Etats n'euſſent point été très-diſtinguées (1) ;
& l'on ne devroit pas plus les confondre l'un
avec l'autre, que l'Arménie avec la Perſe,
quoique l'Arménie fît partie de l'Empire de
Perſe.

---

(1) Voyez *Cellarius, Notitia Orbis Antiqui*, vol. 2,
pag. 664 & 705. La Carte de l'*Orbis Antiquus* du Célèbre M. d'Anville.

2.º

2.° Hérodote (1), en faisant l'énumération de tous les peuples qui composoient la nation Mède, parle des Buses, des Parétacéniens, des Struchates, des Arizantes, des Budiens, & des Mages ; mais il ne nomme point les Hyrcaniens. Au septième livre de son Histoire, lorsqu'il fait mention des peuples qui suivirent Xerxès dans son expédition contre la Grèce, il distingue les Mèdes des Hyrcaniens. » Les Mèdes, dit-il, » (2) marchoient après les Perses ; les Cissiens » venoient ensuite ; & ceux-ci étoient suivis des » Hyrcaniens.» Bien plus, il ne paroît pas que ce dernier peuple ait jamais été sous la domination des Mèdes. Lorsque Cyrus subjugua l'Assyrie, les Hyrcaniens étoient soumis à cet Empire. » Les Hyrcaniens, dit Xénophon (3), sont » voisins des Assyriens. Cette nation n'est pas » considérable, aussi étoit-elle dans la dépen- » dance des Assyriens.

3.° Hérodote donne un nom grec à ce Roi, suivant l'usage de son pays, où l'on cherchoit à adoucir les mots qui paroissoient trop durs à l'oreille.

---

(1) Herodot. *Lib. I,* §. 101.

(2) Id. *lib. VII,* §. 62.

(3) Οἱ δὲ Ὑρκάνιοι ὅμοροι μὲν τῶν Ἀσυρίων εἰσὶν, ἔθνος δ' ἐ πολύ· διὸ καὶ ὑπήκοοι τῶν Ἀσυρίων ἦσαν. Xenoph. Cyri Instit. *lib. IV,* pag. 208, *Edit. Wells, Oxon, 1703.*

F

4.° Hérodote ne dit point qu'Aſtyage commanda de noyer ſon petit-fils Cyrus. Aſtyage (1) ordonne à Harpagus d'emporter l'enfant chez lui & de le faire mourir. Content, pourvu que l'enfant périſſe, Aſtyage ne preſcrit point le genre de mort.

5.° Je ſouſcris volontiers à ce que dit M. l'Abbé, que le fond de l'hiſtoire de Cyrus eſt très-vrai, mais que les épiſodes en ſont fabuleux. Du moins eſt-il certain qu'on rapportoit diverſement l'hiſtoire de ce grand homme, & je ne doute point qu'on n'ait cherché à l'embellir, en y ajoutant beaucoup de merveilleux. On la contoit du temps d'Hérodote de trois manières (2) différentes. Cet Hiſtorien a pris celle qui lui a fait plus de plaiſir, & qui lui a paru la plus vraiſemblable. Xenophon en a ſuivi une différente, plus philoſophique, & qui convenoit mieux au but qu'il s'étoit propoſé.

Suivant le Père de l'Hiſtoire, Cyrus indigné des mauvais traitemens de ſon grand-père Aſtyage, lui fait la guerre & s'empare de ſon pays. Xenophon prétend au contraire dans la Cyropédie, que Cyrus montra toujours beau-

---

(1) Herodot. *lib.* **I**, 108.
(2) Id. *lib.* **I**, 96.

coup de respect pour Astyage , qu'il vint au secours de (1) Cyaxare son oncle, & qu'il ne posséda la couronne de Médie qu'à la mort de Cyaxare, dont il étoit l'héritier. Mais ce sage Historien n'est pas lui-même tellement persuadé que les choses se soient passées de la sorte, que dans son Histoire de la Retraite des dix-mille, il ne semble se rapprocher d'Hérodote. » Les Grecs (2), dit-il, arrivèrent à la ville » de Larisse , anciennement habitée par les » Mèdes..... Le Roi de Perse l'ayant assiégée » dans le temps que les Perses enlevèrent l'Em- » pire aux Mèdes, il ne put jamais la prendre ». Les Perses n'assiégèrent cette place, que parce-qu'ils cherchoient à s'emparer à main armée de la Médie. Si cet Etat au contraire eût passé tranquillement, & suivant le droit d'hérédité , entre les mains de Cyrus, Larisse ne lui eût pas fermé les portes. Cela contredit manifestement la Cyropédie. Le troisième récit, qui est celui de Ctésias , m'a paru le plus équivoque. On peut le consulter dans la Bibliothèque de Pho-

---

(1) Les Chronologistes ne savent guères où placer ce Prince. Il y a grande apparence que c'est le Darius Medus de l'Ecriture. Mais ce système auroit besoin d'être développé.

(2) Κύρου Ἀνάβασις. *lib.* 3 , *pag.* 235 & 236.

tius, ou à la fin d'Hérodote, où on le place communément.

6.º M. l'Abbé ne veut pas croire que les Mèdes fuſſent des voluptueux plongés dans la molleſſe. Il en apporte deux raiſons : la première, les Mèdes ſont les mêmes que les Hyrcaniens ; la ſeconde, les Scythes les avoient pillés pendant trente ans. J'ai fait voir que les Hyrcaniens étoient des peuples fort différens des Mèdes. Je réponds à la ſeconde raiſon, 1.º que les Scythes les avoient, il eſt vrai, pillés pendant long-temps ; mais que les Mèdes en ayant fait un maſſacre général, il y a grande apparence qu'ils recouvrèrent la plus grande partie de leurs richeſſes : 2.º Qu'après le maſſacre des Scythes, les Mèdes s'emparèrent de Ninive, où ils trouvèrent des richeſſes immenſes. Xénophon s'acquitte par conféquent du devoir d'un Hiſtorien fidèle, en nous repréſentant les Mèdes comme des peuples voluptueux.

<table>
<tr><td>*Philoſ. de*
l'Hiſt. p. 60.
(66).</td><td>» Je remarquerai que les Parſis ou Perſes,
» préténdoient avoir eu parmi eux, il y avoit
» ſix mille ans, un ancien Zerduſt, un Prophète
» qui leur avoit appris à être juſtes, & à révé-
» rer le Soleil, comme les anciens Chaldéens</td></tr>
</table>

» avoient révéré les Etoiles en les obfervant.....
» Il écrivit ou commenta, dit-on, le livre du Zend,
» que les Parfis, difperfés aujourd'hui dans
» l'Afie, révèrent comme leur Bible : ce livre
» eft peut-être le plus ancien du monde, après
» celui des cinq Kings des Chinois ».

L'Abbé faifit avec avidité tout ce qui paroît RÉPONSE. contraire aux Livres faints. Les récits les plus romanefques, les faits les plus apocryphes deviennent des hiftoires authentiques, dès qu'il croit en tirer quelque avantage contre l'Ecriture. » Ce livre (le Zend), eft peut-être » le plus ancien du monde ». Ce doute, qui dans toute autre matière feroit un effet de la modeftie, ne peut venir que de la lâcheté du perfonnage qui n'ofe fe montrer à découvert, ou de fon ignorance. Il peut choifir.

Ce Zerdusht, qui n'eft autre que Zoroaftre, n'eft pas fi ancien qu'il voudroit nous le per-fuader. Le Docteur Hyde (1), qui n'en recon-noît qu'un, le place fous Darius, fils d'Hyftafpe. M. l'Abbé Foucher (2) prouve très-bien qu'il

---

(1) Veterum Perfarum, &c. Religionis Hiftoria , *Cap. XXIV, pag.* 312.

(2) Mémoires de l'Académie des Belles-Lettres, *vol.* 27. *Mém. pag.* 253 *& fuiv.*

y a eu deux perſonnages célèbres de ce nom-là. Le premier ſous Cyaxare Roi des Mèdes, qu'il appelle premier, pour le diſtinguer du (1) Prince de même nom, fils d'Aſtyage & oncle de Cyrus, dont fait mention Xenophon dans ſa Cyropédie. Le ſecond ſous Darius fils d'Hyſtaſpe.

J'ai prouvé plus haut que Cyaxare avoit commencé à régner l'an de la Période Julienne 4078. Ainſi, quand même on ſuppoſeroit que le **Zend** ſeroit auſſi ancien, cet ouvrage ſeroit très-moderne en comparaiſon de nos Livres ſaints.

A l'égard des preuves de M. l'Abbé Foucher, on les trouve dans les Mémoires de l'Académie des Belles-Lettres, qui ſont entre les mains de tout le monde, chacun peut y avoir recours.

Philoſ. de l'Hiſt. p. 63. (69.)

» Je m'étonne qu'Hérodote ait dit devant » toute la Grèce, dans ſon premier livre, que » toutes les Babyloniennes étoient obligées par » la loi de ſe proſtituer *au moins* une fois dans

---

(1) Le récit de Xénophon ſert de baſe au raiſonnement de M. Foucher. Il auroit été à ſouhaiter qu'il eût prouvé la préférence qu'il lui donne ſur celui d'Hérodote. S'il nous reſte encore quelques doutes, du moins nous ne pouvons aſſez admirer la ſagacité avec laquelle ce ſavant a ſu expliquer ce qui concernoit ce Légiſlateur des Perſes.

» leur vie aux étrangers, dans le temple de
» Milita ou Vénus. Je m'étonne encore plus
» que dans toutes les hiſtoires faites pour l'inſ-
» truction de la jeuneſſe, on renouvelle aujour-
» d'hui ce conte. Certes ce devoit être une
» belle fète & une belle dévotion, que de voir
» accourir dans une Egliſe, des marchands de
» chameaux, de chevaux, de bœufs & d'ânes,
» & de les voir deſcendre de leurs montures
» pour coucher devant l'Autel avec les princi-
» pales Dames de la ville. De bonne foi, cette
» infamie peut-elle être dans le caractère d'un
» peuple policé? Eſt-il poſſible que les Magiſ-
» trats d'une des plus grandes Villes du monde
» aient établi une telle police ? que les maris
» aient conſenti de proſtituer leurs femmes ?
» que tous les pères aient abandonné leurs filles
» aux palefreniers de l'Aſie ? Ce qui n'eſt pas
» dans la nature n'eſt jamais vrai ».

M. l'Abbé Bazin, partout ſi éloquent contre Réponse.
la ſuperſtition, ignore-t-il donc ſon pouvoir ?
N'a-t-il jamais frémi en liſant que de tendres
mères, étouffant le cri de la nature, avoient
la cruauté d'offrir leurs enfans à (1) Moloch.

---

(1) Moloch étoit le Dieu des Ammonites. Les pères
faiſoient brûler leurs enfans en ſon honneur. Il ne faut pas

Il dit lui-même , *page* 105 (115), que les Druides facrifioient les enfans de nos ancêtres dans de grandes mannes d'ofier. Je lui demanderois volontiers , s'il eft plus dans la nature de faire périr fes enfans par le feu, que de fe proftituer par dévotion ? M. l'Abbé a-t-il donc oublié que dans la fête des Lupercales , des jeunes gens de qualité , & des Magiftrats refpectables, couroient par la ville nuds, & un fouet à la main , dont ils frappoient pour badiner ceux qu'ils rencontroient en leur chemin. Qu'il life (1) Plutarque, & il verra qu'ils frappoient de ce fouet des femmes de qualité enceintes, qui fe préfentoient à eux fans rougir, dans l'efpérance que cette cérémonie leur procureroit une heureufe délivrance.

Dès que la fuperftition a autorifé un ufage, on n'y trouve plus rien qui répugne , ou du moins on facrifie fes répugnances , & même l'on s'en fait un nouveau mérite.

---

croire cependant que cela fe pratiquât toujours. Le plus fouvent on fe contentoit de les faire fauter par-deffus les flammes, ou de les faire paffer légèrement entre deux feux, afin de les purifier. Les Rabbins nous affurent que cette Idole étoit de cuivre, affife fur un trône de même métal , avec une tête de veau furmontée d'une couronne , & les bras étendus. C'étoit entre fes bras qu'on plaçoit les malheureufes victimes deftinées à périr par les flammes.

(1) Plutar. *vol. I, pag.* 736.

D'ailleurs M. Bazin ne rapporte pas avec affez d'exactitude le paffage d'Hérodote. Cet (1) Hiftorien ne dit pas, comme lui, que les Babyloniennes fe proftituoient *au moins* une fois dans leur vie. Il raconte tout fimplement, qu'elles fe proftituoient une fois dans leur vie, & fur la fin du même Paragraphe, il ajoute, que lorfqu'une femme avoit fatisfait à la Déeffe, on lui auroit envain offert une fomme confidérable.

De plus, qui a appris à M. l'Abbé que cette infamie fe paffât dans le Temple, devant l'autel de la Déeffe, & en préfence de tout le monde? Ce n'eft certainement point Hérodote. Il raconte bien que les femmes fe tenoient dans le Temple, & que les étrangers qui parcouroient leur rangs, offroient de l'argent à celles qui leur plaifoient ; qu'elles ne pouvoient le refufer, quelque modique que fût cette fomme. Mais il ne dit point que le myftère fe paffât devant l'Autel. Bien loin de cela, il ajoute que la femme fuit celui qui lui a préfenté le premier de l'argent. Il avoit dit pareillement quelques lignes plus haut, qu'une femme, qui a une fois pris place dans le Temple, ne s'en retourne

---

(2) *Lib. I*, §. 199.

point chez elle , qu'un étranger ne lui ait jeté de l'argent fur les genoux, & n'ait eu commerce avec elle hors du Temple : (1) Ἔνθα ἐπεὰν ἵζηται γυνὴ, οὐ πρότερον ἀπαλλάσσεται ἐς τὰ οἰκία, ἤ τίς οἱ ξείνων ἀργύριον ἐμβαλὼν ἐς τὰ γούνατα, μιχθῇ ἔξω τοῦ ἱροῦ. On voit la même chofe dans Strabon (2) : συγγίνεται ἄπωθεν τοῦ τεμένεος ἀπαγαγών. il a commerce avec elle , après l'avoir emmenée loin du Temple. Il y avoit donc un endroit propre à ce myſtère.

Non-ſeulement il n'eſt point vraiſemblable que les principales Dames de la Ville aient *couché devant tout le monde* avec les Palefreniers de l'Aſie ; mais cela eſt ſi abſolument faux, qu'elles n'attendoient pas dans le même rang que les autres femmes, qu'on vînt les ſolliciter. Elles ſe faiſoient porter devant le Temple dans des chars couverts, accompagnées d'un grand nombre de femmes qui les ſervoient. Hérodote le dit poſitivement au même endroit.

M. l'Abbé me paroît ſurtout choqué de voir des femmes de qualité entre les bras d'un Palefrenier. Hérodote ne parle point de Palefreniers, il dit en général des étrangers. Il peut ſe faire après tout qu'il y en eût. Mais l'Abbé

---

(1) Herodot. *lib. I*, §. 199.
(2) *Lib. XVI*, pag. 1081.

ignore-t-il, qu'encore aujourd'hui dans l'O-
rient, si un mari répudie sa femme, il ne peut
la reprendre, qu'après qu'elle a épousé un
autre homme qui passe la nuit avec elle & la
répudie le lendemain. Les gens de qualité, qui
se trouvent dans ce cas-là, choisissent, pour
servir de second mari, un homme du peuple à
qui ils donnent une certaine somme, & à qui
ils font promettre de répudier le lendemain sa
femme. Le premier mari la reprend ensuite.
Communément on choisit pour cette cérémonie un homme fort laid, de crainte que la femme
ne prenne du goût pour lui, & qu'elle n'ait de
la peine à le quitter.

J'ai fait voir qu'en plusieurs pays il y avoit
eu des coutumes aussi infames, & quelques-
unes encore plus révoltantes pour la nature,
& par conséquent qu'on avoit tort de rejetter
par cette raison le récit d'Hérodote. Mais
qu'est-il nécessaire d'avoir recours à un pareil
moyen. Le Prophète Baruch, ou plutôt Jérémie, dans la lettre qu'il écrivit aux Juifs qui
devoient être emmenés captifs à Babylone, fait
mention de cet usage.

» On voit (1), dit-il, (à Babylone) des

____

(1) Baruch. *Cap. VI*, ⅋. 42 & 43.

» femmes environnées de cordes ; elles sont
» assises dans les allées (1) *du Temple,* brûlant
» des noyaux d'olives. Lorsque quelqu'une
» d'entr'elles a été emmenée par quelque pas-
» sant, & qu'elle a dormi avec lui, elle repro-
» che à sa voisine, qu'elle n'a pas été jugée
» comme elle digne d'honneur , & que sa
» corde n'a point été rompue ».

Mulieres autem circumdatæ funibus in viis se-
dent, succendentes ossa olivarum. Cum autem
aliqua ex ipsis attracta ab aliquo transeunte dor-
mierit cum eo, proxima suæ exprobrat quod ea non
sit digna habita, sicut ipsa, neque funis ejus di-
ruptus sit.

Jérémie a dessein dans cette Epitre de dé-
tourner du culte des faux Dieux les Juifs qui
étoient sur le point de partir pour Babylone.
» Vous verrez dans la Babylonie, leur dit-il ,
» porter sur les épaules des Dieux d'or & d'ar-
» gent, de pierre & de bois : *Nunc autem* (2)
» *videbitis in Babylonia Deos aureos , & argen-*
» *teos, & lapideos, & ligneos in humeris portari.....*
» Ces Dieux sont de la main des hommes : *A*
» *fabris* (3) *autem & ab aurificibus facta sunt.* **Les**

---

(1) Je rendrai plus bas raison de la manière dont je tra-
duis cet endroit.

(2) Baruch, *Cap. VI,* ꝟ. 3.

(3) Id. ibid. ꝟ. 45.

» ouvriers qui les font ont eux-mêmes une vie
» de courte durée. Leurs ouvrages peuvent-ils
» donc être des Dieux ? *Artifices* (1) *etiam ipsi,*
» *qui ea faciunt, non sunt multi temporis. Num-*
» *quid ergo possunt ea quæ fabricata sunt ab ipsis,*
» *esse Dii ?* Ces Dieux ne peuvent se garantir
» ni de la rouille, ni des vers : *Hi* (2) *autem non*
» *liberantur ab ærugine & tineâ.* Ils tiennent à la
» main une épée & une hache, & ils ne peuvent
» se mettre à couvert des voleurs & des ennemis.
» Ce qui doit vous être une preuve que ce ne
» sont point des Dieux. *Habet* (3) *etiam in manu*
» *gladium, & securim ; se autem de bello , & la-*
» *tronibus non liberat. Unde vobis notum fit quia*
» *non sunt Dii.* Lorsque vous verrez le peuple
» leur adresser des vœux, dites dans votre cœur,
» Seigneur, vous devez être seul adoré : *Visa* (4)
» *itaque turba de retro , & ab ante , adorantes ,*
» *dicite in cordibus vestris : Te oportet adorari Do-*
» *mine* ».

Je me suis un peu étendu là-dessus, parce
qu'il m'a paru important de faire voir que dans
toute cette Epitre, il s'agissoit des Dieux de

____

(1) Baruch, *Chap. VI*, ℣. 46.
(2) Id. ibid. ℣. 11.
(3) Id. ibid. ℣. 14.
(4) Id. ibid. ℣. 5.

Babylone & du culte qu'on leur rendoit en cette ville. La cérémonie qu'obſervoient les femmes *in viis*, dont parle tout de ſuite le Prophète, y a donc un rapport immédiat. Elles brûlent, dit la Vulgate, des noyaux d'olives, *ſuccendentes oſſa olivarum*, ou comme porte la verſion des Septante, θυμιῶται τὰ πίτυρα, elles brûlent du ſon (1). Or il eſt naturel de penſer que cette cérémonie, qui ſe pratiquoit en l'honneur des Dieux, ſe faiſoit dans leur Temple. Il ne faut donc point interpréter *in viis ſedent*, ſont aſſiſes dans les rues, mais, ſont aſſiſes dans les allées du *Temple*. Ce qui répand de l'obſcurité ſur ce paſſage, c'eſt le ſtyle ſerré & concis du Prophète. Il parloit à des gens inſtruits de cet uſage, à qui peu de paroles ſuffiſoient pour le leur rappeler. Hérodote, qui écrivoit pour les Grecs, à qui les coutumes des Babyloniens étoient moins familières, eſt

---

(1) On brûloit en l'honneur des Dieux du ſon & des ſubſtances odoriférantes, & l'on s'en ſervoit auſſi dans les enchantemens. Théocrite (dans ſa ſeconde Idylle, vers 33,) dit : νῦν θυσώ τὰ πίτυρα, je vais maintenant brûler du ſon ; ce qui eſt l'expreſſion des Septante. Lucien (dans le quatrième Dialogue des Courtiſannes, *vol.* 3, *pag.* 288 & 289) parle des odeurs en général, τὸ θύον, que les derniers Editeurs ont peut-être eu tort de changer en τὸ θεῖον, quoique je n'ignore pas que l'on employoit auſſi le ſoufre en de pareilles occaſions.

plus circonstancié. Il faut donc interpréter l'un par l'autre. Cet Historien nous apprend que ces femmes se tenoient assises dans les allées du Temple,& que ces allées étoient formées par des cordages tendus. Delà vient sans doute cette expression du Prophète : *mulieres circumdatæ funibus,* des femmes environnées de cordes. En effet, lorsqu'elles étoient dans ces allées du Temple dont parle Hérodote, on peut bien dire alors qu'elles étoient environnées de cordes,& peut-être le Prophète n'a-t-il eu que cela en vue. Mais peut-être aussi entendoit-il qu'elles avoient la tête ceinte de cordes, comme le racontent le même Hérodote & Strabon (1).

Quoi qu'il en soit, cela a rapport à l'un ou à l'autre de ces usages. Le verset 43 en a encore un plus sensible avec le reste du passage de cet Historien, que je vais traduire ici en entier; cela mettra le lecteur à portée de comparer l'un à l'autre. Ce qui est en italique a un rapport plus intime avec le passage du Prophète, ou contredit manifestement ce qu'a avancé l'Abbé.

» Les Babyloniens (2) observent une loi,
» qui est la plus honteuse de toutes les loix,

---

(1) *Lib. XVI, pag.* 1081.
(2) *Lib. I,* §. 199.

» La voici : Il faut que toute femme née dans
» le pays aille s'asseoir dans le Temple de Vénus,
» pour accorder, *une fois en sa vie*, les derniè-
» res faveurs à un étranger. Plusieurs d'en-
» tr'elles, *dédaignant de se voir confondues avec les*
» *autres*, à cause de l'orgueil que leur inspirent
» leurs richesses, se font porter devant le Tem-
» ple dans des chars couverts. Là, elles se tien-
» nent assises, ayant derrière elles un nombreux
» domestique qui les a suivies. Mais la plupart
» des autres s'asseient dans le Temple, *avec une*
» *couronne de cordes autour de la tête.* Les unes
» arrivent, les autres s'en vont. *On voit en tout*
» *sens des allées séparées par des cordages tendus.*
» Les étrangers se promènent *dans ces allées*, &
» choisissent entre toutes les femmes celles qui
» sont le plus à leur gré. Quand une femme
» s'est une fois assise en cet endroit, elle ne
» s'en retourne point chez elle, que quelque
» étranger ne lui ait jeté de l'argent sur les
» genoux, & *n'ait eu commerce avec elle hors du*
» *Temple.* Il faut que l'étranger, en lui jetant
» l'argent, lui dise ces paroles : J'invoque pour
» vous la Déesse Mylitta : Or les Assyriens
» donnent à Venus le nom de Mylitta. Il lui
» présente tant & si peu d'argent qu'il veut.
» Quelque modique que soit la somme, elle ne

» la refusera pas , cela lui est défendu ; car cet
» argent devient sacré. Elle suit le premier qui
» lui présente de l'argent , & il ne lui est pas
» permis de refuser personne. *Enfin quand elle*
» *s'est consacrée à la Déesse, en se livant à un étran-*
» *ger, elle s'en retourne à sa maison. Après cela ,*
» *vous lui offriez une somme considérable que*
» *vous ne la gagneriez pas.* Celles qui sont plus
» capables d'attirer les yeux, par leur beauté
» & leur taille avantageuse , ne restent pas long-
» temps dans le Temple ; mais les laides y de-
» meurent davantage , parcequ'elles ne peuvent
» satisfaire à la Loi : il y en a même qui y restent
» des trois ou quatre ans. On observe une cou-
» tume à peu-près semblable à celle-là dans
» quelques endroits de l'île de Cypre ».

Hérodote n'est donc point ici en défaut ,
comme le prétend M. l'Abbé ; & son texte n'est
point non plus corrompu, comme il voudroit
nous le persuader, pour sauver, suivant sa manière de penser , l'honneur du Père de l'Histoire. Il n'a pas besoin d'un pareil défenseur.

Non tali auxilio , nec defensoribus istis
.... *eget.*

                                   ——Virgil. *Æneid.* 2. 521.

» J'aimerois autant croire Dion Cassius, qui
» assure que les graves Sénateurs de Rome pro-

Philos. de
l'Histoire ,
p. 64. (69.)

G *

» poſerent un Décret, par lequel Céſar, âgé
» de cinquante-ſept ans, auroit le droit de jouir
» de toutes les femmes qu'il voudroit.

Rɛᴘᴏɴsɛ.   Qu'y a-t-il donc de ſi extraordinaire dans un décret, auquel les uns concouroient par un motif de vile adulation, & les autres pour rendre odieux le Dictateur. Quoique Plutarque ne parle pas de ce Décret, cependant il dit (1) en général ; » que quelques Sénateurs, com-
» blant Céſar à l'envi l'un de l'autre d'honneurs
» exceſſifs, le rendirent odieux aux gens même
» les plus doux, à cauſe de l'orgueil & de la
» ſingularité des choſes qu'on lui décernoit.
» On croit que ſes ennemis n'avoient pas moins
» contribué que ſes flatteurs à faire paſſer ces
» Décrets, afin qu'ayant de plus grandes
» offenſes à punir, ils euſſent un plus grand
» nombre de prétextes pour l'attaquer ». Dion-Caſſius s'exprime de même (2). On trouve dans Suétone (3) quelque choſe d'approchant. *Helvius Cinna, Tribunus plebis, pleriſque confeſſus eſt, hahuiſſe ſe ſcriptam, paratamque legem, quam Cæſar ferre juſſiſſet, quum ipſe abeſſet, uti uxores,*

---

(1) *Vol. I, pag.* 734.
(2) *Lib XLI , §. 7, vol. I, pag.* 385.
(3) In Jul. Ceſar. 52.

*liberorum quærendorum causâ, quas & quot vellet,
ducere liceret.*

    » Je ne croirai pas davantage Sextus Empi-
» ricus, qui prétend que chez les Perses la Pé-
» dérastie étoit ordonnée. Quelle pitié ! com-
» ment imaginer que les hommes eussent fait une
» Loi, qui, si elle avoit été exécutée, auroit
» détruit la race des hommes? La Pédérastie au
» contraire étoit expressément défendue dans
» le Livre du Zend, & c'est ce qu'on voit dans
» l'abrégé du Sadder, où il est dit (Porte 9)
» *qu'il n'y a point de plus grand péché.*

    L'Auteur du Dictionnaire Philosophique,
Ecrivain de même force que M. l'Abbé, & qui
peut aller de pair avec lui pour l'érudition, dit
à l'article *Amour Socratique :* Sextus Empiricus,
» & d'autres, ont beau dire que la Pédérastie
» étoit recommandée par les Loix de la Perse :
» qu'ils citent le texte de la Loi, qu'ils mon-
» trent le Code des Persans ; & s'ils le mon-
» trent, je ne le croirai pas encore ; je dirai que
» la chose n'est pas vraie, par la raison qu'elle
» est impossible : non, il n'est pas dans la nature
» humaine de faire une loi qui contredit, & qui
» outrage la nature, une loi qui anéantiroit le

Philos. de
l'Hist. p. 64.
(70.)

Réponse.

G 1

» genre humain, fi elle étoit obfervée à la lettre.
» Que de gens ont pris des ufages honteux &
» tolérés dans un pays, pour les Loix du pays !
» Sextus Empiricus qui doutoit de tout, devoit
» bien douter de cette jurifprudence. S'il vivoit
» de nos jours, & qu'il vît deux ou trois jeunes
» Jéfuites abufer de quelques écoliers, auroit-il
» droit de dire que ce jeu leur eft permis par les
» Conftitutions d'Ignace de Loyola ?

RÉPONSE.   Les Jéfuites n'avoient rien à démêler ici. Pourquoi troubler mal à propos leurs manes ? L'argument de M. l'Abbé en auroit-il eu moins de force, s'il ne les eût point mis en jeu ?

L'objection de l'un & de l'autre Auteur eft tellement la même quant au fonds & à l'expreffion qu'on croiroit aifément que les deux ouvrages font de M. l'Abbé Bazin. Quoi qu'il en foit, tâchons d'y répondre, & commençons par rapporter en entier le paffage de Sextus Empiricus. Cela mettra le lecteur à portée de juger fi cet Auteur eft auffi dépourvu de fens que voudroit nous le perfuader M. l'Abbé.

» Nous oppofons (1) entr'elles des opinions

---

(1) Sext. Empir. Pyrrhon. Hypotypof. *lib.* 1, *cap.* 14, *pag.* 38.

» dogmatiques, lorsque nous difons que les
» uns foûtiennent qu'il n'y a qu'un feul élé-
» ment, & les autres, qu'il y en a une infinité ;
» que les uns prétendent que l'ame eft mor-
» telle, & d'autres qu'elle eft immortelle ; que
» les uns croient que tout eft gouverné par la
» Providence des Dieux, & d'autres, que rien
» n'eft régi par leur Providence.

» Nous oppofons la *Coutume* à des chofes d'un
» autre genre, par exemple, à la *Loi*, lorfque
» nous difons que la Pédéraftie eft en *ufage*
» chez les Perfes, & que chez les Romains
» elle eft défendue par la loi.

Sextus Empiricus pouvoit-il oppofer plus
clairement l'ufage à la Loi ?

Les Commentateurs prétendent que cet
Auteur n'a point voulu parler des Perfes, & que
fon Texte eft altéré. Ils fe fondent fur un autre
paffage des Hypotypofes Pyrrhoniennes (1),
où, parlant du même vice, il l'attribue aux
Germains. Ils voudroient que dans l'un &
l'autre endroit on lût les Peuples de la Cara-
manie ; dans le premier, à caufe du témoignage
de Quinte-Curce, & d'Ammien Marcellin, qui
difent pofitivement le contraire des Perfes :

____

(1) *Lib.* 3 , *cap.* 24, *pag.* 176,

G 3

Non moris esse Persis , mares ducere , qui stupro
effeminarentur. Quint. Curtius, X. Cap. 1. Puerilium
stuprorum expertes sunt. Amm. Marcell. XXIII, 6.
Dans le second, à cause que Tacite loue la
pureté des mœurs des Germains. Ces raisons
des Commentateurs m'ont paru bien foibles.
Hérodote (1) assure que les Perses ont appris
des Grecs cette infame débauche. Plutárque
(2) rejette cela avec indignation , & soutient
que les Perses s'y livroient avant que d'avoir
mis le pied en Grèce. S'il n'eût point été no-
toire que la Pédérastie étoit en usage chez les
Perses , Plutarque qui avoit pris à tâche de
contredire cet Historien , dans le Traité qu'il a
intitulé *de la malignité d'Hérodote* , n'auroit
point manqué de dire que le reproche, que
faisoit Hérodote aux Grecs , étoit si peu fondé
que les Perses même avoient horreur de ce
vice. J'aurai occasion dans un autre ouvrage de
répondre à la critique de Plutarque.

Le reproche , que fait à Sextus-Empiricus
M. l'Abbé Bazin, tombe plutôt sur un certain
Bardesanes, Syrien de Nation, qui prétend (3)

---

(1) *Lib. I*, §. 135.
(2) *Vol. II , pag.* 857.
(3) Euseb. Præp. Evang. *lib. VI, cap.* 10, *pag.* 277.

qu'il y avoit parmi les Gaulois une Loi par laquelle les jeunes Garçons s'époufoient. Παρὰ δὲ Γάλλοις οἱ νέοι γαμῦνται ..... διά τόν παρ' αὐτοῖς νόμον. Mais il ajoute qu'il n'eft pas poffible que tous les Gaulois fe foient livrés à une pareille infamie.

Les raifons de M. l'Abbé ont ici toute leur force, & fuffifent pour détruire l'affertion de ce Syrien.

» Strabon dit que les Perfes époufoient leurs » mères ; mais quels font fes garans ? Des oui- » dire, des bruits vagues. Cela put fournir une » Epigramme à Catulle : *nam Magus ex matre &* » *nato nafcatur oportet.* Tout Mage doit naître » de l'incefte d'une mère & d'un fils. Une telle » loi n'eft point croyable ; une épigramme n'eft » pas une preuve. Si on n'avoit pas trouvé des » mères qui vouluffent coucher avec leurs fils, » il n'y auroit donc point eu de prêtres chez les » Perfes.

Philof. de l'Hift. p. 64. (70.)

Le prétendu Abbé Bazin confond perpétuellement la loi avec l'ufage. Une épigramme n'eft pas une preuve ; cela eft vrai : & cependant il feroit bien embarraffé de citer un autre garant de cette loi que Catulle.

Réponse.

G 4

Sextus Empiricus (1) dit : »l'inceſte eſt
» défendu parmi nous ; chez les Perſes il eſt
» d'*uſage* que les fils épouſent leurs mères.

Remarquez que cela ſe trouve dans le même
paragraphe, où il dit : « nous oppoſons la
» Coutume à des choſes d'un autre genre, à la
» Loi, par exemple ». Mais ce qui leve toute
difficulté, c'eſt la différence que cet Auteur établit entre la Loi & la Coutume. » La Loi, dit-il
»*page* 37, eſt une convention écrite par les
» chefs de la République ; ceux qui la violent
» ſont punis. La Coutume, c'eſt lorſque beau-
» coup d'hommes admettent en commun quel-
» que choſe & l'approuvent. Celui qui la viole
» n'eſt pas puni pour cela. Par exemple, la Loi
» défend l'Adultère, mais c'eſt un uſage de ne
» point rendre en public le devoir conjugal à
»ſa femme.

Dion Chryſoſtome (Oraiſon 20), attribue
cet uſage des Perſes à leur éducation molle &
efféminée. Ils paſſent trop de temps dans l'ap-
partement des femmes ; de-là vient, dit-il,
qu'ils couchent avec leurs mères ; de même
que les jeunes chevaux, étant devenus forts &

---

(1) Hypotyp. Pyrrhon. *lib. I, cap.* 14, *pag.* 39.

vigoureux, fuiven t encore leurs mères & cher‑
chent à les faillir.

Un Philofophe du nom de Sextus affure dans
fes difputes anti‑fceptiques (1), que les Perfes
regardent comme une chofe fort honnête de fe
parer comme des femmes, & de coucher avec
leurs filles, leurs mères & leurs fœurs.

Je n'ignore point que Théodoret avance
dans fon Oraifon 9. *de Legibus adverfus Græcos,*
que les Perfes fuivent en cela la Loi établie par
leur Légiflateur Zaradas. On voit clairement
que Théodoret forge une Loi d'un certain
Zaradas, vrai ou prétendu, pour l'oppofer à
celle de Jefus‑Chrift. Cela fent furieufement
fon déclamateur. Mais qui eft ce Légiflateur
Zaradas? Théodoret (*loco citato*) & Agathias 2,
prétendent que c'eft le même que Zoroaftre.
Je le veux bien ; mais le Sad‑der, qui eft un
abrégé des préceptes de Zoroaftre, ne fait
aucune mention de cette prétendue Loi. En tout
cas, je fouhaiterois favoir fi l'autorité d'un
Père de l'Eglife, qui vivoit au cinquième fiécle,
eft d'un affez grand poids fur cette matière.

»Sanchoniaton, Phénicien, qui écrivoit
»long‑temps avant la guerre de Troye, l'hif‑ *Philof. de l'Hiftoire, p. 71, (77.)*

---

(1) Fabric. Biblioth. Græc. *tom. XII, pag.* 622.

∞ toire des premiers âges, & dont Eusebe nous
∞ a conservé quelques fragmens, traduits par
∞ Philon de Biblos; Sanchoniaton, dis-je, nous
∞ apprend que les Phéniciens avoient sacrifié
∞ de temps immémorial aux élémens & aux
∞ vents, ce qui convient en effet à un peuple
∞ navigateur.

RÉPONSE. Où M. l'Abbé Bazin a-t-il pris que Sanchoniaton fût si ancien? Il n'a d'autre (1) garant
de son opinion que Porphyre, qui vivoit sur la
fin du troisième siécle. Mais cet Auteur a beau
nous dire que Sanchoniaton (2) de Beryte
a écrit avec fidélité l'histoire des Juifs, sur les
mémoires que lui avoit fourni Hiérombal,
Prêtre de Jeuo; il a beau nous assurer qu'il
étoit contemporain de Semiramis qui régnoit
avant la guerre de Troie, ou en même temps;
je lui demanderai toujours ses garans. Les fragmens qui nous restent de cette histoire paroif-
sent fort suspects au sçavant Dodwell. Il a crû
trouver ici Porphyre en défaut. Si l'on s'en
rapporte en effet aux P. Petau, Riccioli & à la

---

(1) Bochart est du même avis. M. l'Abbé Bazin le co-
pie sans en rien dire. *Voyez* Samuel Bochart, Geograph.
sacra, *tom. I*, pag. 704.

(2) Euseb. Præparat. Évangel. *lib. I*, pag. 32.

plupart des Chronologistes , Sémiramis a dû
exister plusieurs siécles avant la guerre de Troie,
& Abibal un peu plus d'un siècle après la prise
de cette ville. Ainsi Porphyre seroit non-seulement coupable d'un anachronisme , mais encore de contradiction. Feu M. le Président
Bouhier a cherché à justifier Porphyre,(Recherc.
& Dissert. sur Hérod. *page* 18). Il prétend que
cet Auteur ne veut parler que de Sémiramis ,
Reine de Babylone; qui vivoit , suivant Hérodote , cinq générations avant la Reine Nitocris. Cela ne sauve point l'anachronisme. Cette
Princesse monta sur le trône en 4144 ; en mettant 160 ans pour les cinq générations, Sémiramis a dû régner vers l'an 3984 ; & Troie a
été prise l'an 3530; c'est-à-dire, 454 ans auparavant. Mais si l'on admet sur les Rois d'Assyrie
mon systême , ou plutôt celui d'Hérodote,
toutes les difficultés disparoissent. J'ai prouvé
page 64 , qu'on ne pouvoit faire remonter
l'Empire d'Assyrie plus haut que l'année 3477
de la Période Julienne.

NINUS, Roi d'Assyrie, régna en . . . . 3477.

SEMIRAMIS en. . . . . 3529.

TROIE prise en . . . . 3530.

Porphyre (1) prétend qu'Abibal , Roi de

---

(1) Euseb. Præp. Evang. *lib. I*, *pag.* 31.

Beryte, à qui Sanchoniaton dédia fon Hiftoire, vivoit avant la guerre de Troie. Ce ne peut être alors celui dont parlent l'Hiftorien Dius & Ménandre d'Ephéfe (1). Il étoit père d'Hiram, ami de David & de Salomon. En admettant le témoignage de Porphyre, fuppofé que ce Prince ait vécu 40 ou 50 ans avant la guerre de Troie ; il peut fort bien fe faire que Sanchoniaton ait pu lui dédier fon Ouvrage, & cependant voir la Reine Sémiramis. Mais fi Porphyre fe trompe fur le temps où il place ce Prince, & que l'on aime mieux fuivre l'Hiftorien Dius; on peut très-bien concilier ce qu'il dit d'Abibal avec ce que le même Porphyre avance au fujet de Sanchoniaton. On fait qu'A-bibal vivoit encore en 3665, & que fon fils Hiram monta fur le trône l'année fuivante. Mais on ignore quand il commença à régner. Suppofons qu'il ait régné 50 ans, il aura été Roi en 3615. Sémiramis mourut en 3571. Suppofons maintenant que Sanchoniaton eût 16 ans, quand cette Princeffe mourut, & qu'il ait dédié fon Ouvrage à l'âge de 60 ans à Abi-bal : il auroit vu Sémiramis dans fa jeuneffe,

____

(2) Jofeph. Contra Apionem, *lib.* 1, §. 17 & 18.

& il auroit préfenté fon Hiftoire à ce Roi de Tyr la prémière année de fon règne.

L'authenticité de ces fragmens dépend entièrement du témoignage de Porphyre, qui eft univerfellement décrié du côté de la droiture. On pourroit penfer avec raifon, qu'il eft lui-même l'Auteur de cette Hiftoire, fi Athénée n'en parloit point vers la fin du livre 3ᵉ de fes Déipnofophiftes. Mais la prétendue traduction de Philon de Byblos, l'artifan de cette fourberie, en aura impofé à ce favant compilateur, qui a parcouru un trop grand nombre d'ouvrages, pour avoir pu les lire en critique éclairé & judicieux, qui veut diftinguer le vrai d'avec le faux. Depuis le temps de Philon de Byblos, cet Ouvrage refta enfeveli dans l'obfcurité jufqu'à Porphyre. Ce Philofophe, ennemi déclaré des Chrétiens, le crut propre à l'oppofer aux Livres faints. Sanchoniaton étoit tellement ignoré jufqu'au temps de Porphyre, que les Ecrivains qui demeuroient dans le voifinage de la Phénicie, & qui recherchoient avec le plus de foin ce qui concernoit les antiquités de ce pays, n'en ont pas même fait mention. Saint Juftin, Martyr, qui étoit Samaritain; Tatien, Affyrien, qui cite en plufieurs endroits de fes écrits les Hiftoriens de la Phénicie, Théophile d'Alexandrie, Tertullien, Origène, ne difent pas un mot de Sanchoniaton. Bien plus, depuis Porphyre, il ne fe trouve pas un feul Père de l'Eglife qui en parle, fi l'on en excepte Eufébe. A l'égard de Théodoret & de Saint Cyrille d'Alexandrie, il paroît qu'ils n'ont eu connoiffance que des extraits d'Eufébe. Je penfe que l'on peut du moins l'affurer de Saint Cyrille, qui fe fiant un peu trop à fa mémoire, cite Clément d'Alexandrie au lieu d'Eufébe, & affure que Jofeph a traduit en Grec l'Ouvrage de Sanchoniaton, tandis que c'eft Philon de Byblos ; & il prend la Préface de Philon pour l'Ouvrage même de Sanchoniaton.

Il eft bien étonnant que tant d'Auteurs anciens, tels que Jerôme (1) de Tyr, ou plutôt d'Egypte, Menandre d'Ephefe (2), Dius (3), Heftiæus (4), Philoftrate, &c. qui fe font occupés à déterrer les anciens monumens de la Phénicie, qui les ont traduits en Grec, & les

---

(1) Jofeph en parle, *liv. I. des Ant. Jud. chap.* 3, §. 6 & 9 : & contre Apion, *liv. I*, §. 23.

(2) *Id.* Antiq. Jud. *lib. VIII, cap.* 5, §. 3, *cap.* 13, §. 2, *lib. IX, cap.* 14, §. 2, cont. Apionem, *lib. I*, §. 18.

(3) *Id.* Antiq. Judaic. *lib. VIII, cap.* 5, §. 3. cont. Apion. *lib. I*, §. 17.

(4) *Id.* Antiq. Jud. *lib. I, cap.* 3, §. 9, *cap.* 4. §. 3.

ont rendu publics; il eſt, dis-je, bien étonnant qu'ils n'aient eu aucune connoiſſance de cet Ecrivain. S'il avoit été auſſi célébre qu'on nous le repréſente, il feroit bien ſurprenant qu'il eût échappé à leurs recherches. Mais que penſer de cet Hiſtorien, lorſqu'on voit que Joſeph n'en parle point ? lui qui fait mention de tant d'Hiſtoriens Phéniciens, lui qui a fouillé dans les archives les plus ſecretes de la Phénicie, qui en a tiré pluſieurs actes, & qui cite les originaux des Lettres de Salomon & d'Hiram, au père de qui ce prétendu Sanchoniaton dédia ſon Ouvrage.

Platon & Pythagore n'en ont eu pareillement aucune connoiſſance. Ils avoient fait cependant beaucoup de recherches ſur les Phéniciens, & particuliérement ce dernier, qui s'étoit ſouvent entretenu avec les deſcendans du Phénicien Mochus, ou Moſchus. Après que les Macédoniens eurent ſubjugué la Phénicie, Mochus, Théodote & Hypſicrate, Hiſtoriens Phéniciens, furent traduits en Grec par Lætus au rapport de Tatien (1). Sanchoniaton n'en étoit pas plus connu pour cela.

---

(1) Orat. ad Græcos, *pag.* 128, ex Edit. Oxon. *in-8.º* 1700. Clément d'Alexandrie & Joſeph parlent auſſi de l'Hiſtorien Mochus; le premier, dans ſes Stromates, *lib. I,* *pag.* 387; le ſecond, antiq. Jud. *lib. I, cap.* 3, §. 9.

*

Ces raiſons, qui ſont les mêmes au fond que celles du Docteur Dodwel, me font penſer avec lui, que l'Hiſtoire de Sanchoniaton eſt un ouvrage ſuppoſé, & deſtiné à ruiner & décréditer les Livres ſaints. Euſébe, qui n'enviſageoit cette Hiſtoire, que par l'endroit qui étoit favorable à ſon ſyſtême, & qui voyoit qu'on pouvoit s'en ſervir avantageuſement, pour prouver que les Grecs étoient très-modernes, & qu'ils avoient puiſé toutes leurs connoiſſances chez les Barbares, l'admit ſans l'examiner. D'ailleurs on ſait qu'il n'étoit pas un grand critique. Il ſeroit aiſé de le faire voir; mais les bornes que je me ſuis preſcrites ne me le permettent point. Je me contente ſeulement de dire, qu'il regarde comme authentiques la Lettre (1) qu'Abgare, Roi d'Edeſſe, écrivit à Jéſus-Chriſt, pour le prier de le guérir, & la réponſe que lui fit Jéſus-Chriſt, qui lui envoya auſſi ſon portrait. Après une pareille preuve de la crédulité de ce Père, je penſe que ſon témoignage en faveur de Sanchoniaton ne paroîtra pas d'un grand poids.

Joſeph fait mention de Théodote, *contra Apionem, lib. I*, §. 23.

(1) Euſebii Hiſtor. Eccleſ. *lib. I, cap.* 13, *pag.* 37 *& ſeq.* Eraſme, le Cardinal Bellarmin, Dupin, Richard-Simon, &c. regardent ces Lettres comme ſuppoſées.

Le

Le Chevalier Marsham, ne révoque pas en doute l'authenticité des fragmens de cet Hiſtorien, mais il les croit (1) de beaucoup poſtérieurs à la guerre de Troie.

Quoi qu'il en ſoit, Sanchoniaton ne dit point que les Phéniciens ſacrifiċrent aux Elémens & aux Vents, mais qu'Uſous (2) érigea deux colomnes au Feu & au Vent, les adora & leur offrit les prémices des animaux qu'il avoit tués à la chaſſe. Le feu eſt le ſeul élément à qui Uſous ſacrifia.

M. l'Abbé ajoute que cela *convient à un peuple navigateur.* S'il eût fait attention au paſſage de Sanchoniaton, il auroit vu que cet Auteur en rapportoit un tout autre motif. Il prétend en effet (3) que »pendant un violent » orage, les arbres, étant venus à ſe choquer » dans l'île de Tyr, prirent feu, & que le bois, » qui étoit en cet endroit, fut conſumé. Uſous » prit un arbre, qu'il avoit auparavant ébran- » ché; & étant monté deſſus, il oſa le premier » ſe mettre en mer. Il conſacra deux colomnes, » l'une au Feu, l'autre au Vent, &c.

----

(1) Chronicus canon, &c. *pag.* 234.
(2) Euſeb. Præp. Evang. *pag.* 35.
(3) Id. ibid.

C'est cet ouragan, c'est cet incendie, qui, agiſſant ſur l'imagination effrayée d'Uſous, le déterminèrent à ſacrifier au Vent & au Feu.

Primus in orbe deos fecit timor (1).

Philoſ. de l'Hiſt. ibid.

» Ce qui prouve la prodigieuſe antiquité du » Livre de Sanchoniaton, c'est qu'on en liſoit » les premières lignes dans les myſtères d'Iſis » & de Cérès : hommage que les Egyptiens & » les Grecs n'euſſent pas rendu à un Auteur » étranger, s'il n'avoit pas été regardé comme » une des premières ſources des connoiſſances » humaines.

Réponse.

M. l'Abbé n'aime point à citer : ou quand il le fait, c'est preſque toujours avec l'adroite précaution de citer ſimplement un Auteur qui a beaucoup écrit, ou le titre d'un gros ouvrage, dont très-peu de perſonnes voudront tenter la vérification, alors trop pénible. Mais s'imagine-t-il que tout le monde l'en croira ſur ſa parole? ce qui feroit très-bon en poëſie, ne peut être admis dans un ouvrage de la nature de celui-ci. Si l'Auteur étoit Poëte, ón pourroit lui paſſer cela : *Poetis quidlibet audendi ſemper fuit.....* *poteſtas.* Horat. *Ars Poet.* 10.

---

(1) Stat. Thebaid 3, 661 & inter fragmenta Petronii, pag. 872.

Mais un Membre refpectable de je ne fais quelle Eglife, (chofe affez difficile à deviner) devroit avoir une autre marche, & ne rien avancer qui ne fût dans la plus exacte vérité, & dont il n'apportât de bons & de furs garants.

M. l'Abbé a-t-il donc pris dans fon imagination vive, brillante & fertile, ce qu'il dit ici de Sanchoniaton? Il n'y a guères d'apparence. Il eft plus vraifemblable qu'il en a l'obligation au favant Evêque de Glocefter, le Docteur Warburton, & il faut convenir qu'il lui en a, auffi bien qu'à MM. Bochart & Huet, plus que bien des gens ne fe l'imaginent. Si ces Savans alloient en effet revendiquer tout ce qui leur appartient dans la Philofophie de l'Hiftoire, quelque étrangement défiguré qu'il foit, il lui refteroit bien peu de pages. Mais voyons ce que dit M. Warburton.

» Il me femble (1) que le célèbre fragment » de Sanchoniaton le Phénicien, traduit par » Philon de Byblos, & confervé par Eufébe, » qui contient la généalogie des premiers âges, » eft cette hiftoire qu'on avoit coutume de lire » aux Initiés dans la célébration des Myftères » Egyptiens & Phéniciens.

—

(1) The Divine Legat. of Mofes, *vol. I, pag.* 168.

M. Warburton propofe modeftement fon fentiment, *il me femble* : l'Abbé décide, tranche hardiment : *on en lifoit les premières lignes.*

M. Warburton ne veut pas qu'on l'en croie fur fa parole ; il rapporte les raifons (1) qui l'ont déterminé à embraffer cette opinion. Pour l'Abbé, il n'apporte aucune raifon ; il attend fans doute qu'on aura pour fes décifions le même refpect que les Pythagoriciens (2) avoient pour celles de leur maître. Mais quelle différence !

Le Docteur Warburton prétend que les Myftères avoient été inftitués pour enfeigner aux hommes la connoiffance d'un Dieu unique, créateur de toutes chofes, & que tout ce que les nations adoroient comme des Dieux avoient été autrefois des hommes.

A la bonne heure. Mais quelle néceffité y avoit - il de lire pour cela ce fragment de Sanchoniaton ? Ne pouvoit-on pas parvenir au même but de cent manières différentes ? & même pour dire ce que je penfe, je ne puis me perfuader que ce fragment fût propre à remplir cet objet. En effet, une Cofmogonie où l'on fe paffe abfolument de la Divinité, &

---

1) The Divine Legat. of Mofes, *vol. I, pag.* 171.
2) ΑΎΤΟΣ ΕΦΑ. Conf. Hierocl. in Aurea Carmina, *p*ag. 218, ex Edit. *Londin.* in-8.° 1742.

qui, suivant la remarque d'Eusébe (1), introduit clairement l'athéïsme, τοιαύτη .... ἡ Κοσμογονία ἄντικρυς ἀθεότητα εἰσάγουσα, une pareille Cosmogonie, dis-je, est plus propre à former des athées, qu'à donner des notions claires de l'Etre infiniment parfait.

Je pourrois opposer plusieurs autres raisons à M. Warburton, savant dont je respècte les lumières & l'érudition ; mais cela m'écarteroit un peu trop de mon sujet.

» Sanchoniaton n'écrivit rien de lui-même ; » il consulta toutes les Archives anciennes, & » surtout le Prêtre Jérombal. *Philos. de l'Hist. p. 71.* (78.)

Philon de Byblos se contente de dire, que le Prêtre Hiérombal (2) lui fournit des Mémoires : Ε'ιληφὼς τὰ ὑπομνήματα παρὰ Ἱερομβάλυ. Or ce Prêtre les avoit tirés, ces Mémoires, des Archives des Temples, ἐκ τῶν ἐν τοῖς ἱεροῖς ἀναγραφῶν (3). RÉPONSE.

M. Huet (4) prétend, je ne sais sur quel fondement, que cet Hiérombal étoit Gédeon (5), qui avoit communiqué à Sanchoniaton

---

(1) Euseb. Præp. Evang. *lib. I, cap. 10, pag. 33.*
(2) Ibid. *lib. I, pag. 31.*
(3) Ibid.
(4) Huetii Demonst. Evangel. *pag. 69 & 70.*
(5) Bochart prétend aussi la même chose ; mais il en apporte d'autres raisons. On peut les voir dans sa Géograph. sacr. *lib. II, cap. 17, colonne 774.*

H 3

les Livres de Moïfe, parceque, dit-il, ce Phénicien a tiré ce qu'il dit de l'origine du monde,
des ouvrages de Taaut. Or Taaut, fuivant le
favant Evêque d'Avranches, eft le même que
Moïfe.

Je n'ai point intention de lutter à forces auffi
inégales, avec un homme de ce mérite. Qu'il
me foit cependant permis de dire, que la Cofmogonie de Moïfe eft fi différente de celle de
Sanchoniaton, qu'il ne me paroît pas vraifemblable que ce dernier Auteur ait puifé dans les
écrits du Légiflateur des Juifs. Et pour ne me
point répéter inutilement, on n'a qu'à confulter ma réponfe, à Mylord Evêque de Glocefter, *page* 116 & 117.

De plus, Porphyre (1) dit, que Sanchoniaton dédia fon Ouvrage à Abibal Roi de Tyr :
or Abibal étoit contemporain de David. Ce
dernier fut facré, fuivant le P. Pétau, l'an 2921,
& Gédéon mourut l'an 2770. Si cet Hiérombal
eft le même que Gédéon, il faut néceffairement que Sanchoniaton ait vécu plus de 150
ans. Il peut fe faire, il eft vrai, qu'il y ait eu plus
d'un Abibal. D'ailleurs le Prince de ce nom,
dont parle Porphyre, étoit Roi de Beryte, &

---

celui qui étoit père d'Hiram, & contemporain de David, l'étoit de Tyr.

» Le nom de Sanchoniaton signifie en ancien » Phénicien, *amateur de la vérité.* Porphyre, » Théodoret, Eusebe l'avouent.

Philof. de l'Hift. p. 71. (78)

Que le nom de Sanchoniaton signifie *amateur de la vérité,* j'y confens, puifque Théodoret l'affure d'après Porphyre. Mais le nom de cet Auteur prouve-t-il fon exactitude ?

RÉPONSE.

Ce n'eft point tout. M. l'Abbé Bazin cite, il eft vrai, Porphyre, Théodoret & Eufébe, & cependant il ne connoît point les deux premiers & bien foiblement le troifième. Le favant Bochart lui a fourni ce trait d'érudition. *Nomen* (1) *Theodoretus ex Porphyrio ita explicat :* Sanchoniathon autem, cujus nomen linguâ Phœnicum idipfum fignificat quod Græcâ φιλαλήθης amicum veritatis. *Quod ipfum Eufebius,* lib. 1. & 10. *Evang. Præpar. multo aliter legit, nimirum:* Σαγχυνιάθων δὲ κατὰ τὴν Φοινίκων διάλεκτον φιλαλήθως, &c. συγγράψας, Sanchoniathon autem qui Phœniciâ linguâ verè fcripfit. *Sed res ipfa confirmat*

---

(1) Bocharti Geographia facta, *tom.* 1, *col.* 771.

H 4

lectionem Theodoreti. Omninò enim Sanchoniatho, vel ut Hebræi scripserunt Sankineatoh, legis seu doctrinæ verioris amicum significat. Qu'on rapproche l'Abbé Bazin de ce passage de M. Bochart, & l'on sera convaincu, que malgré ses citations il n'est qu'un Plagiaire.

Philos. de l'Hist. p. 72. (78.) » La Phénicie étoit appellée le Pays des » Archives, Kirjath Sepher. Quand les Hébreux » vinrent s'établir dans une partie de cette » contrée, ils lui rendirent ce témoignage, » comme on le voit dans Josué & dans les Juges.

RÉPONSE. Autre Plagiat. L'Abbé Bazin a tiré cela de Bochart, qu'il n'a point entendu.

1.° Ce Savant ne dit point que la Phénicie se nomme Kirjath Sepher ; mais que la même ville de Phénicie s'appelle dans les Livres saints, tantôt Kirjath Sepher, la ville des Lettres, tantôt Kirjath Sanna, la ville de la Doctrine ou de la Loi, & tantôt Kirjath Arche, la ville des Archives.

2.° Kirjath Sepher ne signifie pas le pays des Archives, mais la ville des Lettres.

3.° Les Juifs ne rendent point ce témoignage. Il n'en est question, ni dans Josué, ni dans le Livre des Juges, ni même dans aucun autre

Livre de l'Ecriture. Il y eſt dit ſeulement, que Cariath Senna eſt la ville de Dabir. *Cariath Senna hæc eſt Dabir. Joſ. XV,* 49. & au Livre des Juges, cap. I, ℣. 2, que l'ancien nom de la ville de Dabir eſt Cariath Sepher, c'eſt-à-dire, la ville des Lettres : *Atque inde profectus abiit ad habitatores Dabir, cujus nomen vetus erat Cariath Sepher, id eſt, civitas litterarum.* Ainſi la ville de Dabir s'appeloit en Phénicien , tantôt Kirjath Sanna , & tantôt Kirjath Sepher. L'Interprète Chaldéen a rendu cet endroit des Juges par Kirjath Arche , la ville des Archives. C'étoit le nom que cette ville portoit, avant que les Hébreux euſſent mis le pied dans ce pays.

Rapportons maintenant le paſſage de Bochart, qui achevera de convaincre de plagiat notre prétendu Abbé.

(1) *Id (Sanna) Phœnicibus idem fuit, quod Arabibus Sunna, lex, doctrina, jus canonicum. Hinc Phœnicia urbs eadem modò appellatur Kirjath Sepher urbs litterarum, modò Kirjath Sanna urbs doctrinæ ſeu legis. Chald. reddidit Kirjath Arche, urbem Archivorum, & Græci, πόλιν γραμμά-των.*

Joſ. 14; 15; 16. Jud. 1; 11; 12. Joſ. 15; 49.

---

(1) Bocharti Geogr. ſacra, *tom. I,* colonne 771.

Ainſi , voilà de compte fait un Plagiat, &
trois fautes groſſières en quatre lignes , ſans
compter un contre-ſens , que n'auroit point
fait un petit Ecolier de Sixième.

*Philoſ. de
l'Hiſt.*p. 73.
(79.) »Ce mot *Iaho* , ce nom ineffable chez les
» Juifs, & qu'ils ne prononçoient jamais, étoit
» ſi commun dans l'Orient, que Diodore dans
» ſon livre ſecond, en parlant de ceux qui
» feignirent des entretiens avec les Dieux, dit
» que Minos ſe vantoit d'avoir communiqué
» avec le Dieu Zeus, Zamolxis avec la Déeſſe
» Veſta, & le Juif Moïſe avec le Dieu Iaho.

RÉPONSE. Le paſſage de Diodore de Sicile eſt, liv. 1,
§. 94, *page* 105, & non, livre ſecond. Mais de
ce que ce mot *Iao*, ſe trouve dans cet Auteur;
il ne s'enſuit pas qu'il fût commun dans l'Orient.
Diodore pouvoit en avoir connoiſſance par la
traduction Grecque de l'Ecriture; du moins eſt-
il certain qu'on n'en voit avant lui aucun
veſtige dans nul autre Auteur. Macrobe (1),
qui vivoit au cinquième ſiècle de notre Ere,
rapporte un Oracle d'Apollon de Claros, où

(1) Macrob. Saturn. *lib. I,* 18, *pag.* 257.

il se trouve deux fois. Le voici en partie :

φράζεο τὸν πάντων ὕπατον θεὸν ἔμμεν Ἰάω
Χείματι μὲν τ' Ἀΐδην, Δία δ' εἴαρος ἀρχομένοιο,
Ἠέλιον δὲ θέρευς, μετοπώρε δ' ἀβρὸν Ἰάω.

» Pensez qu'Iao est ce Dieu suprême, que
» nous appellons en Hiver Ades (Pluton),
» Zeus (Jupiter) au commencement du Prin-
» temps ; Hélius (le Soleil) en Eté , & sur la
» fin de l'Automne, le tendre, le délicat Iao.

Personne n'ignore actuellement que dans les premiers siècles de l'Eglise, il s'est trouvé des Chrétiens, qui remarquant l'avantage que les Païens tiroient de leurs Oracles & des vers Sibyllins , & ne se contentant pas toujours d'en faire voir l'imposture, eurent recours à la même voie. Les Ouvrages des Pères de l'E-glise sont pleins de ces prétendus Oracles, qui portent avec eux l'empreinte de la fraude. Je ne doute point qu'il ne faille ranger celui-ci dans la même classe, & qu'on n'en ait l'obli-gation aux Basilidiens , hérétiques du second siècle, qui répandirent leurs erreurs en Egypte. Ils accommodèrent cet Oracle prétendu à la Théologie du pays, où Ades étoit le Sol (1)

---

(1) Pantheon Ægyptior. *vol.* 1 , *pag.* 236.

inferus, Serapis ; Jupiter (1) étoit Amun ou Ammon , ou le soleil entrant dans le signe du Bélier ; & le Soleil dans toute sa force étoit Horus. A l'égard de ces mots , *le tendre Iao* , il paroît que l'Auteur avoit en vue Jésus-Christ, ce Soleil de Justice qui parut au monde au commencement de l'Hiver, ou , suivant cet Auteur, à la fin de l'Automne.

J'attribue cet Oracle aux Gnostiques : 1.° parcequ'ils faisoient dans leurs écoles un grand usage du mot *Iao.* Saint Irénée (2), Tertullien (3), Origene (4), Saint Epiphane (5), Théodoret (6) en font foi, & l'on trouve dans l'Antiquité expliquée du Père de Montfaucon , ce mot sur beaucoup d'Abraxas ou pierres gravées des Gnostiques.

2°. Quoiqu'on ne sache pas certainement ce que ces Gnostiques entendoient par ce mot *Iao,* cependant on ne peut guères douter qu'ils ne désignassent Jésus-Christ (7) sous ce nom respectable.

---

(1) Ibid. *pag.* 161 *&* 167.
(2) Contra hæreses, *lib. I , cap.* 4 , S. 1 , *cap.* 21 , S. 3 , *cap.* 30 , S. 5.
(3) Adversus Valentin. *cap.* 14.
(4) Adversus Celsum , *lib. I , pag.* 296 *&* 297.
(5) Hæres. 26 , S. 10.
(6) Fabul. Hæret. *lib. I , cap.* 7.
(7) Miscellanea Lipsiensia nova, *vol.* 4 , *pag.* 85.

3.° Les Gnostiques figuroient Jésus-Christ sous l'emblême du Soleil, comme l'a très-bien prouvé M. Jablonski (1).

4.° L'Auteur de cet Oracle place le jeune *Iao* au solstice d'Hiver, parce que Jésus-Christ naquit en ce temps, & que le Soleil, qui est son emblême, se renouvelle en cette saison. Servius (2) dit : *propriè sol novus est octavo Kalendas Januarias ,* c'est-à-dire, le vingt-cinq Décembre.

Je me suis un peu étendu sur cet endroit, mais j'ai voulu faire voir, 1.° qu'on ne peut prouver qu'Iao, ce nom ineffable du Seigneur, fût connu avant la version des Septante. 2.° Qu'il faut être sur ses gardes quand on le rencontre dans quelque auteur profane, & qu'il faut bien examiner, si le passage où il se trouve n'a point été forgé par les premiers Chrétiens, dont le zèle n'étoit pas toujours selon la science.

» Ce qui mérite surtout d'être observé, c'est » que Sanchoniaton, en rapportant l'ancienne » Cosmologie de son pays, parle d'abord du » cahos enveloppé d'un air ténébreux, chaut

Philos. de l'Hist. p. 73. (79.)

---

(1) Ibid. *vol.* 7, *pag.* 87, 88 ; 96, 97, *&c.*

(2) Servius in *VII. lib. Æneid. vers.* 720.

» ereb. L'Erèbe, la nuit d'Héſiode, eſt priſe du
» mot Phénicien qui s'eſt conſervé chez les
» Grecs. Du cahos ſortit Muth ou Moth, qui
» ſignifie la matière. Or qui arrangea la matière?
» C'eſt Colpi Iaho, l'eſprit de Dieu, le vent de
» Dieu, ou plutôt la bouche de Dieu. C'eſt à
» la voix de Dieu que naquirent les animaux &
» les hommes.

RÉPONSE. Je ne crois pas qu'il ſoit poſſible de raſſem-
bler en auſſi peu de lignes un plus grand nombre de bévues. M. l'Abbé nous dit que Sanchoniaton parle du cahos enveloppé d'un air ténébreux , *chaut-ereb* (1). Ces deux mots ne ſe

----

(1) C'eſt un nouveau plagiat de l'Abbé. Voyez Bochart,
Geograp. ſacr. tom. 1, *col.* 705. Au reſte quand il ajoute
que l'Erèbe eſt la nuit d'Héſiode, on voit clairement qu'il
n'a point entendu Bochart, & qu'il n'a point eu recours à
Héſiode. Voici le paſſage de ce Savant. *In ipſo operis
exordio legas ſtatim initio rerum fuiſſe* πνοὴν ἀερος ζοφώδεϚ,
tenebroſi aëris ſpiritum, *quem appellat* χάος ἐρεβῶδεϚ, id eſt,
chauth ereb, caliginem veſpertinam. *Res ſumpta ex verbis Moſis*, Gen. 1, 2. *Et fuit caligo ſuper faciem abyſſi.
Vox* erebi *ex verſu* 5 , *& fuit* ereb, id eſt, veſpera. *unde
& Heſiodus :*

Ἐκ χάεος δ'ἔρεβός τε μέλαινά τε νὺξ ἐγένοντο.

Bochart veut dire ſeulement que le mot Erèbe ſe trouve dans
Héſiode dans le même ſens que dans Sanchoniaton. Mais
malheureuſement pour M. l'Abbé, ce Savant ne s'imaginant point que des ignorans s'aviſeroîent jamais de le lire ,
s'eſt contenté de mettre le Vers d'Héſiode ſans en donner

trouvent point dans la traduction qu'a faite de
ce fragment Philon de Byblos , mais il y en a
d'autres en leur place, auxquels le François de
M. Bazin ne répond point assez. » Le principe
» (1) de cet univers est, suivant Sanchoniaton,
» un air ténébreux & plein de vents , ou un
» souffle d'un air ténébreux, & un cahos trouble,
» ténébreux. Ces choses étoient infinies & n'eu-
» rent point de bornes pendant un grand nom-
» bre de siècles.

Du Cahos , dit M. l'Abbé , *sortit Muth ou
Moth , qui signifie la matière.* 1.° Sanchoniaton
s'exprime bien différemment. Ce fut , suivant
lui, cet air ténébreux & plein de vents, ce souffle
d'un air ténébreux qui engendra *Mot.* Voici
le passage de cet Historien.

» Ce souffle d'un air obscur , étant devenu
» amoureux de ses propres principes, se mêla
» avec eux. Ces embrassemens, qui furent appe-
» lés Pothos, l'Amour, devinrent le principe ,
» l'origine de toutes choses. Ce vent, ce souffle
» d'air ténébreux engendroit sans en avoir au-

---

de traduction. La voici mot à mot. *Du Cahos naquirent
l'Erèbe & la noire Nuit.* Hésiode distingue donc l'Erèbe
de la Nuit. Ce Vers est le cent vingt-troisième de la Théo-
gonie.

(1) Euseb. Præpar. Evangel. *lib. I , cap.* 10 , *pag.* 33.

» cune connoiffance, & de fes embraffemens il
» naquit *Mot*. Les uns veulent que ce foit du
» limon, d'autres la corruption d'un mêlange
» aqueux.

2.° M. l'Abbé Bazin fe trompe, en écrivant
Muth ou Moth ? il faut néceffairement *Mot*.
Cela n'eft point indifférent. *Moth* ou *Muth* dans
le langage Phénicien eft l'Ades des Grecs, le
Dieu de Morts. Sanchoniaton le dit expreffé-
ment.

» Peu de temps après (1) Cronos (Saturne)
» confacra après fa mort Muth un de fes autres
» fils , qu'il avoit eu de Rhea (2). Les Phéni-
» ciens lui donnent le nom de Mort & de
» Pluton ». Καὶ μετ᾽ οὐ πολὺ, ἕτερον αὐτῶ παῖδα ἀπὸ
Ῥέας ὀνομαζόμενον Μὺθ ἀποθανόντα ἀφιερεῖ. Θάνατον δὲ
τοῦτον και Πλούτωνα Φοίνικες ὀνομάζυσι.

Les facrifices des Morts font appellés dans
le Pfeaume 105 , ℣. 28, *Zibchi Methim*.

Muth dans le langage Egyptien répondoit
à notre mot, Mère. Plutarque le dit pofitivement dans fon Traité fur Ifis & Ofiris, *pag.* 139.

» On donne quelquefois à Ifis le nom de

---

(1) Eufebii Præpar. Evangel. *lib. I*, *cap.* 10, *pag.* 38.
(2) Plutarque dit qu'il l'eut d'un commerce fecret avec
Rhea, *de Ifide & Ofir.* pag. 29.

» Muth ,

» Muth, d'Athyri & de Methyer. Le premier
» de ces noms signifie mère : Τὴν δὲ Ῥώσιν ἐστὶν ὅτε
καὶ Μὼθ καὶ πάλιν Ἀθυεὶ καὶ Μεθύερ προσαγορεύουσι. Ση-
μαίνουσι δὲ τῷ μὲν πρώτῳ τούτων τῶν ὀνομάτων μητέρα.

3.° *Mot* ne signifie pas la matière, mais du
limon, selon quelques Auteurs, & suivant
d'autres, la corruption d'un mélange aqueux.

» Or qui arrangea la matière ? M. l'Abbé se
» fait cette question. Il y répond, c'est Colpi
» Iaho, l'esprit de Dieu, le vent de Dieu, ou
» plutôt la bouche de Dieu, la voix de Dieu.
» C'est à la voix de Dieu que naquirent les ani-
» maux & les hommes.

Philos. de l'Hist. p. 73. (79).

Quelle imagination brillante & fertile ! quel
génie créateur ! si M. l'Abbé se fût adonné à
la Poësie, je lui aurois répondu du succès. Peut-
être a-t-il fait des vers en sa vie. Quoi qu'il en
soit, il ne s'agit point ici de M. l'Abbé Bazin le
Poëte, mais de M. Bazin l'Erudit.

Réponse.

Comme on ne trouve pas un seul mot de ce
passage dans Sanchoniaton ; j'avois d'abord cru
qu'on le devoit à l'imagination poëtique de M.
l'Abbé. J'avoue que je me suis trompé. Il l'a
tiré sans en rien dire de (1) Bochart. Ainsi on

---

(1) Boch. Geog. sac. *vol. I,* col. 704 & 706.

en a l'obligation à M. l'Abbé Bazin le Plagiaire.

Sanchoniaton (1) dit » que de ce limon, ou » corruption d'un mélange aqueux, fortirent » toutes les femences de la création, & la gé- » nération de toutes chofes. Quelques animaux » fans fentiment donnèrent l'être à des animaux » doués d'intelligence, qu'on appela *Zopha-* » *femin*, c'eft-à-dire, contemplateurs du ciel. » Ces animaux avoient la figure d'un œuf. Mot, » le Soleil, la Lune, les Etoiles, les Aftres pa- » rurent refplendiffans de lumière.

Cette Cofmogonie ne fuppofe point, comme on le voit, un arrangement fait par Colpi Iaho. Auffi Eufébe en fait-il la remarque au même endroit. » Cette Cofmogonie, dit-il, introduit » clairement l'Athéïfme.

Paffons maintenant à la génération des animaux, fuivant le même Sanchoniaton.

» L'air (2) s'étant enflammé, la mer & la » terre ayant pris feu, cela produifit des vents, »des nuages & de violentes chutes d'eau du ciel. » Lorfque toutes ces chofes, que l'ardeur du » foleil avoit féparées & arrachées de leur pla- » ce, fe furent rencontrées & froiffées dans l'air,

(1) Eufeb. Præp. Evangel. *lib. I, cap.* 10, *pag.* 38.
(2) Eufebius, *ibid.*

» les unes contre les autres, il fe fit des éclairs
» & des coups de tonnerre, au bruit defquels
» s'éveillèrent ces animaux doués d'intelligence,
» dont j'ai donné plus haut la defcription. Ef-
» frayés de ce bruit, ils commencèrent à fe
» mouvoir, mâles & femelles, fur la terre &
» dans la mer.

Si cette Zoogonie eft différente de celle de M. l'Abbé ; où donc celui-ci a-t-il pris Colpi Iaho, l'efprit de Dieu ? Ce n'eft point dans Sanchoniaton, dont voici les paroles, mais dans Bochart (1), qui a commenté à fa manière le fragment de cet Hiftorien.

» Après (2) avoir dit les noms des vents,
» Notus, Borée & des autres, il ajoute : ces
» vents furent les premiers qui confacrèrent les
» productions de la terre, les regardèrent
» comme des Dieux, & les adorèrent, leur
» faifant des libations & des offrandes, parce
» qu'elles avoient confervé la vie de leurs ancè-
» tres, & qu'elles foutenoient la leur & celle
» de leur poftérité. Ces penfées d'adoration
» convenoient à leur foibleffe & à la timidité
» de leur ame. Il dit enfuite, que du vent Col-

---

(2) Geograp. facr. *lib. II*, *cap.* 2, *col.* 706.
(2) Eufeb. Præp. Evang. *pag.* 36.

» pias & de fa femme Baau , que les Grecs in-
» terprètent la nuit , naquirent des hommes
» mortels, qui furent appelés Æon & Proto-
» gonus.

1.° Il n'y a point dans l'original Colpi, mais
Colpias : Ἐκ τοῦ Κολπία ἀνέμου , du vent Colpias.
Colpi eſt le terme Phénicien qui y répond.
Si M. l'Abbé nous eût prévenu qu'il avoit puiſé
cela dans Bochart, on auroit pu l'excuſer.

2.° Le mot Iao, ou Iaho, comme l'écrit toujours M. l'Abbé, ne ſe trouve pas une ſeule
fois dans le fragment de Sanchoniaton. Notre
Compilateur l'a pris encore dans la Géographie ſacrée de Bochart. *Ibidem* (1) *primi homines dicuntur faſti* ἐκ τοῦ Κολπία ἀνέμου. *Ventus
ille Colpias idem eſt quod Col-pi-Iah , vox oris
Dei , cujus inſpiratione & verbo faſtus eſt homo.*
col. 706.

3.° M. l'Abbé Bazin introduit ici un Etre fan-
taſtique (2) à qui il donne le nom d'Eſprit de
Dieu , de voix de Dieu. Rien de tout cela dans
Sanchoniaton. Le vent Colpias eſt, ſelon lui,
un Etre véritable , qui a une femme, dont il a

---

(1) Nempe in fragmento Sanchoniatonis.
(2) On peut faire le même reproche au ſavant Bochart.
L'eſprit ſyſtématique l'a plus d'une fois écarté, ainſi que
M. Huet, du droit chemin.

des enfans, & qui rend un culte à des Divinités qu'il fe forge.

》 Quinte-Curce en parlant des Scythes, qui 》 habitoient au nord de la Sogdiane, au-delà de 》 l'Oxus, qu'il prend pour le Tanaïs, qui en eft 》 à cinq cents lieues.

Philof. de l'Hift. p. 76. (83.)

M. l'Abbé auroit pu trouver quelque occa- RÉPONSE. fion plus favorable pour faire briller fon zèle pour les vérités hiftoriques. Avant de faire des reproches à Quinte - Curce , il auroit bien dû examiner s'ils étoient fondés. Il devroit avoir toujours préfente à l'efprit cette maxime (1) : *Quand on a une maifon de verre , il ne faut point jeter des pierres dans celle de fon voifin.*

Ce n'eft pas que je veuille juftifier Quinte-Curce ; je prétends feulement qu'il n'eft point tombé dans l'erreur que lui reproche M. l'Abbé. Cet Hiftorien ne confond nulle part l'Oxus avec le Tanaïs, mais il prend l'Iaxarte pour ce dernier fleuve. Le P. le Tellier, dit , dans fon Commentaire fur cet Auteur (2), *eadem in Ia-*

----

(1) Remerciment fincère à un homme charitable. Brochure attribuée à M. de Volt.

(2) *Pag.* 271.

xarte fluvio commiſſa fraus eſt, ex quo Tanaïm feceré. Et (1) *iſte Pſeudo-Tanaïs Iaxartes eſt. . . . . . oritur ex Parapamiſo, & Sogdianam ac Scythas medius interfluit.*

Rien de ſi vrai que ce qu'avance le P. le Tellier, que l'Iaxarte ſépare la Sogdiane de cette partie de la Scythie. M. l'Abbé confond donc lui-même l'Oxus avec l'Iaxarte.

Il eſt vrai que Quinte-Curce dit (2) que le Tanaïs ſépare les Bactriens des Scythes ; mais qui eſt-ce qui ne s'apperçoit point au premier coup d'œil, qu'il comprend en cet endroit les Sogdiens, ſous le nom de Bactriens. Le P. le Tellier eſt auſſi du même avis *page 286. Bactrianam propriè dictam nuſquam attingit (Iaxartes), quare ſic interpretandus Curtius, ut Bactrianæ nomine ipſa quoque Sogdiana comprehendatur.* Autre part il diſtingue très-bien ces deux (3) peuples, & même il leur aſſigne pour limites le fleuve (4) Oxus. Arrien (5) donne pareillement le nom de Tanaïs à l'Iaxarte ; mais il ne

---

(1) *Pag.* 286.
(2) *Lib. VIII*, 28.
(3) Quint. Curt. VII, 16 & 37.
(4) Oxo amne ſuperato. . . . . novas copias in Sogdia-nis contrahebat. *Idem VII*, 15.
(5) Arrian. de Exped. Alexandri, *lib. III*, 30, *pag.* 254.

le confond point avec le Tanaïs de la Scythie
Européenne. La cause de cette erreur vient de
ce qu'Alexandre, étant arrivé avec son armée
sur les bords de l'Iaxarte, prit ce fleuve pour
le Tanaïs. Pline le naturaliste (1) nous l'apprend. *Ultra Sogdiani. ...... includente flumine
Iaxarte, quod Scythæ* Silin *vocant : Alexander
militesque ejus Tanaïm putavere esse.*

L'erreur de Quinte-Curce & d'Arrien est
d'autant plus pardonnable, que c'est celle
d'Alexandre & de toute son armée, qui devoient leur paroître bien instruits d'un pays où
ils avoient été.

» Les Perses appeloient leur ancienne re-
» ligion, *Millat Ibrahim;* les Mèdes *Kish Ibrahim.*

Philos. de l'Hist. p. 85. (92.)

M. l'Abbé Bazin a tiré, ou pour mieux dire,
estropié ce passage du Docteur Hyde (2). Ce
Savant dit qu'en Arabe, on appelle l'ancienne
Religion des Perses *Millat Ibrahím,* & en Mède *Kísh Abráhâm.*

Réponse.

Le reste de ce chapitre est également estropié. Par exemple, M. l'Abbé prétend, que des
Savans ont cru que le nom d'Abraham étoit

---

(1) *Lib. VI, cap. 16, vol.* 1, *pag.* 315.
(2) Historia Religionis Veterum Persarum, *cap.* 2, *p.* 27.

Indien , parce que les Prêtres Indiens s'appeloient Brames, Brachmanes. M. Hyde, dit au
contraire (1): on penſe qu'autrefois le premier
Pontife des Indiens s'appeloit *Brahma* ou
Bráhama , mot qu'on croit venir du nom
Hébreu Abraham , indiquant par là le Prophète de ce nom : de même qu'on prétend
que leurs Prêtres s'appellent Brahman ou
Brahaman, du même Abraham qui en Perſan
ſe nomme Brâhâm. Je ne m'arrêterai pas davantage ſur ce Chapitre de la Philoſophie de
l'Hiſtoire ; on n'a qu'à le comparer avec le
Chapitre ſecond de l'excellent & ſavant ouvrage du Docteur Hyde.

Philoſ. de l'Hiſt. p. 86. (94.)

» La Genèſe dit qu'Abraham ſortit d'Aran ,
» âgé de ſoixante & quinze ans , après la mort
» de ſon père.

» Mais la même Genèſe dit, que Tharé, ſon
» père, l'ayant engendré à ſoixante & dix ans,
» vécut juſqu'à deux cents cinq. Ainſi Abraham
» avoit cent trente-cinq ans quand il quitta la
» Caldée. Il paroît étrange qu'à cet âge il ait
» abandonné le fertile pays de la Méſopotamie ,

---

(1) Hyde de Veterum Perſarum , &c. Religionis Hiſ-
toria, *pag.* 30.

» pour aller à trois cents milles de là , dans la
» contrée stérile & pierreuse de Sichem, qui
» n'étoit point un lieu de commerce.

Cette difficulté a quelque chose de réel, RÉPONSE.
mais voyons si elle est insurmontable.

Dom Calmet croit la lever, en disant avec
la plûpart des Interprètes, qu'Abraham n'étoit
pas l'aîné des enfans de Tharé, & que si l'Auteur sacré le nomme le premier, c'est parce
que le Peuple Choisi en descendoit. Ainsi il
pense, qu'on doit interpréter le verset 26, du
Chap. XI. de la Genèse : Tharé vécut soixante
& dix ans , & il fut père ; ses enfans furent
Nachor, Aran & Abram. Or il ne put pas les
avoir tous trois dans le même temps ; il doit
avoir été père à différens intervalles. Il peut
par conséquent très-bien se faire que Tharé
eût cent trente ans, lorsqu'Abraham vint au
monde.

Cette supposition me paroît gratuite & nullement fondée ; l'Ecriture ne disant nulle part
qu'Abraham fût le cadet, & Joseph le nommant (1) toujours comme s'il étoit l'aîné de sa

---

(1) Antiq. Jud. *lib. I*, *cap. 6*, §. 5. Le Targum d'Onkelos le nomme aussi le premier.

famille. Il est bien naturel de penser , qu'il n'est question dans ce Verset que de l'âge de ce Saint Patriarche , parce que c'est le seul qui pût intéresser les Juifs , à cause qu'ils tiroient de lui leur origine.

Ainsi , sans s'arrêter davantage à ce sentiment ; voyons si nous ne pourrons pas trouver quelqu'autre solution. Mais auparavant , qu'il me soit permis de faire une petite Remarque.

S'il y avoit une véritable contradiction dans ce que l'Ecriture dit d'Abraham ; M. l'Abbé pense-t-il que les Juifs , intéressés à la faire disparoître , l'eussent laissé subsister. Il n'y auroit rien eu de si aisé que de faire un léger changement , qui eût mis cet endroit de la Genèse à l'abri de toute critique. Mais puisqu'ils n'y ont point vu de contradiction , j'en conclus qu'il falloit absolument qu'il n'y en eût point., ou que le texte ait été interpolé depuis. Qu'à l'égard de la première raison , M. l'abbé ne m'objecte point l'ignorance & la grossièreté des Juifs. Quand même il les supposeroit encore plus ignorans , qu'ils ne l'étoient en effet , une contradiction aussi palpable leur auroit sauté aux yeux. D'ailleurs on ne peut contester que ceux qui avoient la garde des Livres saints ne fussent la plûpart des gens de beaucoup de mérite. Est-il donc à présumer qu'une pareille contradiction, si elle eût été réelle, leur eût échappé.

Quant à ce qui concerne la seconde raison; les Livres saints, quoique inspirés, n'en ont pas été pour cela plus à l'abri de la négligence des copistes. Le grand nombre de variantes qu'on a recueillies en est une preuve convaincante, quoique de toutes ces diverses Leçons, il n'y en ait aucune qui puisse prêter des armes aux ennemis de la Religion. Il me semble donc que lorsqu'il s'y rencontre quelque variété, ou un passage véritablement absurde ; on peut avoir recours aux régles de la critique, sans perdre le respect qui leur est dû. Si le fond des Saintes Ecritures est en effet inspiré, le style, les mots, les syllabes sont l'ouvrage des hommes & doivent être conféquemment soumis aux mêmes règles que les Auteurs prophanes.

Examinons d'après ce principe le passage en question. Je suppose pour un instant, qu'il ne soit pas possible d'y donner une explication raisonnable; en ce cas j'ai recours aux autres versions de l'Ecriture, pour voir si je n'y apercevrois pas quelque variété. J'ouvre la Polyglotte de Walton, & je remarque que le texte Samaritain ne fait mourir Tharé qu'à l'âge

de cent quarante-cinq ans. Ainſi, il aura engendré Abraham à l'âge de 70 ans, & ce Patriarche ſera ſorti de Haran à 75 ans , tout de
ſuite après la mort de ſon père, comme on le
peut inférer de la Genèſe, *Cap. XI*, ⱴ. 26, 32.
XII, ⱴ. 1 & 4.

Mais comme cette correction, quoique fondée en raiſon & en autorité , pourroit bien
n'être pas du goût de tout le monde, je crois
devoir propoſer une explication qui joint à la
nouveauté l'avantage de ne faire aucun changement dans le texte de la vulgate.

Abraham ſortit de Haran (1) à l'âge de 75
ans. Son père vivoit encore ; il en avoit alors
cent quarante-cinq. C'eſt auſſi le ſentiment de
Jérôme Vecchieti, quoiqu'il n'en apporte point
de preuve (2). La promeſſe faite à Abraham,
ſuivant ce Chronologiſte, correſpond au commencement de la 146ᵉ année de Tharé, & la
mort de ce dernier âgé de 205 ans, répond à
la 135ᵉ année d'Abraham. J'avois d'abord cru
pouvoir le prouver par le premier verſet du

---

(1) Geneſ. XII, 4. Ce ſentiment n'eſt pas nouveau ;
c'eſt ſeulement la manière de le préſenter qui l'eſt.

(2) Hieronymus Vecchieti de Anno primitivo *pag.* 146
& 150.

douzième Chapitre de la Genèfe ; *egredere de terrâ tuâ & de cognatione tua*, & de Domo Patris tui. J'en inférois, que fon père Tharé étoit encore vivant. Mais M. l'Abbé n'auroit pas manqué de me répondre par un autre paffage de la Genèfe (1), où Abraham dit à fon ferviteur, d'aller chercher dans fa famille une femme pour fon fils. Ad Domum Patris mei *perges, & de cognatione meâ accipies uxorem filio meo.* Or Tharé étoit mort, quand Abraham fongea à marier fon fils.

En lifant avec attention tout ce qui fe trouve dans l'Ecriture au fujet d'Abraham ; je remarque que la Genèfe ne dit point, qu'il fortit de Haran après la mort de fon père. M. l'Abbé peut tout au plus l'inférer, de ce qu'après avoir parlé de la mort de Tharé, il y eft fait mention du départ d'Abraham. Mais il faut confidérer que l'Ecriture, n'ayant pas grand chofe à dire de Tharé, nous annonce tout de fuite fa mort, afin de n'être plus obligée d'y revenir. Elle paffe enfuite au Père des Croyans , & reprend fes actions qu'elle avoit laiffées à l'écart, pour ne point interrompre le fil de la narration. La vocation d'Abraham eft donc antérieure à la

---

(1) Genef. XXIV, 38.

mort de Tharé. Il semble aussi que ç'ait été le sentiment de Philon Juif, l'un des plus savans Ecrivains de sa nation. « Abraham (1), dit-il, » ne put rester long-temps à Charres (2). On » lit en effet, qu'il en partit à l'âge de soixante » & quinze ans, quoique son père Tharé y ait » vécu jusqu'à la fin de ses jours.

Ce verset (3) où il est fait mention de la mort de Tharé, doit donc s'entendre, comme s'il étoit entre parenthèses. Qu'on ne m'objecte pas que cela n'est point naturel. Je répond qu'il s'en trouve mille exemples pareils dans les Auteurs sacrés & prophanes. J'en ai rappor-

---

(1) Dans un petit Traité où il prouve que les Songes sont envoyés de Dieu. Περὶ τῦ θεοσπέμπτυς εἶναι τοὺς ὀνείρυς, *pag.* 445.

(2) Cette Ville est la même que l'Ecriture appelle Haran. *Voyez* Cellarii Not. Orbis Antiq. *vol.* 2, *pag.* 617 *& seq.* Cette Ville est fameuse par la défaite de Crassus. La plupart des Historiens l'écrivent au plurier, & sans aspiration, Carres. Mais parmi les Extraits de Chrysococcas * on donne à cette Ville le nom de Charan, qui approche encore davantage de celui qu'elle a dans l'Ecriture. Nassir Eddin & Ulug Beig tous deux habiles Géographes, la nomment Harran. Elle subsiste encore aujourd'hui. Voyez ces deux Géographes dans la Collection appelée vulgairement les Petits Géographes, *vol.* 3, *pag.* 95 *&* 127.

(3) Genes. XI, ꙮ. 32.

* Parmi les Petits Géographes, *vol.* 3, *pag.* 4.

té un, un peu plus haut, à propos de la fondation de Ninive, en voici un autre que je prends
au hazard. Au second Livre des Rois , *Ch. IV,*
℣. 1, 2 & 3, l'Auteur Sacré parle du meurtre
d'Isbofeth, fils de Saül, par les enfans de Rem-
mon ; mais tout-à-coup il s'interrompt au verfet 4 , pour parler de Miphibofeth , fils de
Jonathas, & petit-fils de Saül, fans qu'on voie
ce qui peut l'amener fur la fcène ; il l'en fait
enfuite difparoître, & fans aucune préparation,
ni la moindre liaifon, il reprend fa narration au
verfet cinquième. Je pourrois en apporter
beaucoup d'autres exemples ; ceux-ci fuffifent.

Mais fi cette parenthèfe faifoit de la peine à
quelques perfonnes , il feroit très-aifé, même
en ne l'admettant point , de prouver que
Tharé n'étoit point encore mort, lorfqu'Abraham fortit de Haran. Les Hébreux n'ont qu'un
feul prétérit, que les Interprètes rendent par
l'imparfait , le parfait , ou le plufque-parfait,
fuivant que le fens paroît l'éxiger. Si l'Auteur
de la vulgate eût fait quelque attention à ce
qui précédoit & à ce qui fuivoit le premier
verfet du Chapitre douzième , il auroit rendu
ce verfet par *dixerat autem Dominus.* Or le
Seigneur avoit dit. Il n'y auroit plus eu alors
de difficulté. La vocation d'Abraham auroit

précédé la mort de Tharé. La Bible Angloife, telle qu'elle fe lit dans les Eglifes Anglicanes, traduit en conféquence : *Now the Lord had faid unto Abraham.* Maintenant le Seigneur avoit dit à Abraham.

Je conclus de ce que jé viens de dire, que foit qu'on ait recours à la vérité Hébraïque, ou au texte Samaritain, ou que l'on s'en tienne à la Vulgate ; ce paffage de l'Ecriture eft fufceptible d'un fens très-raifonnable, & que M. l'Abbé auroit beaucoup mieux fait de chercher à l'approfondir, que de reffufciter de vieilles objections auxquelles on a cent fois répondu.

Philof. de l'Hift. p. 87. (94.) » Il eft étrange, ajoûte tout de fuite M. l'Ab- » bé, qu'à cet âge (cent trente-cinq ans) il ait » abandonné le fertile Pays de la Méfopota- » mie, &c. »

RÉPONSE. 1.° Nous venons de voir qu'il n'en avoit que foixante & quinze. 2.° Si M. l'Abbé s'étoit rappelé que ce fut par l'ordre de Dieu qu'Abraham fortit, il n'auroit rien trouvé d'étonnant à cela, ou du moins il ne l'auroit pas dû. *Dixit autem Dominus ad Abram : egredere de terrâ tuâ, & de cognatione tuâ, & de domo patris tui.* Genef. XII, ℣. 1.

» Dès

» Dès qu'il (Abraham) arrive à Memphis, » le Roi devient amoureux de sa femme, âgée » de soixante & quinze ans.

Philos. de
l'Hist. p. 87.
(95.)

L'Auteur d'un certain Ouvrage, que par un étrange renversement d'idées, on a intitulé Dictionnaire Philosophique, s'est aussi égayé aux dépens de la chaste épouse du saint Patriarche, & il en a fait des railleries très-indécentes. Il paroît inconcevable à notre Sophiste, qu'une femme de 75 ans puisse porter dans le cœur d'un homme le feu des passions. Mais ignore-t-il donc qu'il y a des femmes dont la beauté se soutient long-temps, & sur qui les années font peu d'impression. Ninon l'Enclos (s'il m'est permis de citer un exemple aussi profane sur un pareil sujet) étoit de ce nombre. On sait qu'à l'âge de 80 ans elle sut inspirer à l'Abbé Gédoyn des sentimens qui ne sont faits que pour la jeunesse ou l'âge viril.

RÉPONSE.

La vie de nos premiers pères étant plus longue, les femmes ne pouvoient être aussi précoces qu'elles le sont actuellement, & la vieillesse & ses suites devoient venir pour elles à pas plus lents. Dans ces siécles pervers, la beauté est une fleur qui ne subsiste ordinairement que quelques années. Le rou-

K

ge, le jeu, les veilles, l'oiſiveté, la débauche, tout contribue aujourd'hui à la flétrir. La ſobriété, la frugalité de nos premiers pères, jointes à un exercice & à un travail modérés, entretenoient leur ſanté, & conſéquemment cet air de fraicheur qui enchante nos ſens. Il n'eſt donc point étonnant de voir Sara, dans un âge qui nous paroît avancé, faire naître des paſſions dans le cœur d'un homme, qui, ſuivant toutes les apparences, s'y étoit livré toute ſa vie, & qui ne s'étoit jamais tenu en garde contre leurs funeſtes effets.

Philoſ. de l'Hiſtoire, p. 105. (115.) » Nous n'avions pas même encore des Teu-» tates à qui les Druides ſacrifioient les enfans » de nos ancêtres dans de grandes mannes » d'oſier.

Réponse.   1.° Il ne falloit point mettre Teutates au plurier. Les Gaulois ne reconnoiſſoient qu'une ſeule Divinité de ce nom. On croit que c'étoit le Thoth des Egyptiens, c'eſt-à-dire, Mercure. Jules-Céſar dit (1) que les Gaulois adorent principalement Mercure. Voyez ſur cet endroit les Commentateurs.

2.° On ſacrifioit à cette Divinité les coupables; à leur défaut on prenoit des innocens;

____

(1) De Bello Gallico, *lib. VI, cap. 17.*

mais je ne vois nulle part qu'on lui immolât des enfans. *Qui* (1) *funt adfecti gravioribus morbis, quique in præliis periculifque verfantur, aut pro victimis homines immolant, aut fe immolaturos vovent, adminiftrifque ad ea facrificia Druidibus utuntur; quòd, pro vitâ hominis, nifi hominis vita reddatur, non poffe aliter Deorum immortalium numen placari, arbitrantur, publicèque ejufdem generis habent inftituta facrificia. Alii immani magnitudine fimulacra habent; quorum contexta viminibus membra vivis hominibus complent; quibus fuccenfis circumventi flammâ exanimantur homines. Subplicia eorum, qui in furto, aut latrocinio, aut aliquâ noxá fint comprehenfi, gratiora Diis immortalibus effe arbitrantur : fed quum ejus generis copia deficit, etiam ad innocentium fubplicia defcendunt.*

Et quibus immitis placatur fanguine diro
Theutates.

Lucan. Pharf. lib. I, verf. 444.

Plutarque (2), qui reconnoît que les Carthaginois immoloient leurs enfans, & que ceux qui n'en avoient point en achetoient des pau-

---

(1) Id. Ibid. *pag.* 131.
(2) Plutar. de fuperftitione, *tom.* 2, *pag.* 171.

K 2

vres, fe contente de dire que lès Gaulois & lès
Scythes facrifioient des hommes. » N'eût-il
» donc pas été , dit-il , plus avantageux aux
» Gaulois & aux Scythes, de ne point penfer
» qu'il y ait des Dieux, de ne s'en former au-
» cune idée, ou de n'en avoir point entendu
» parler, que de s'imaginer qu'il y en a qui fe
» plaifent à voir répandre le fang des hommes,
» & qui regardent comme parfaits ces facrifi-
» ces, & cette manière de les honorer.

Lactance (1) dit de même : *Galli Efum atque
Theutatem humano cruore placabant.* Mais il ne
parle point d'enfans. Le neveu de M. l'Abbé
nous apprendra fans doute dans une nouvelle
édition, où fon oncle a pris cette anecdote.

*Philof. de
l'Hifloire,
p. 107.(117.)*

» On s'eft élevé avec force dans un Effai fur
» l'Hiftoire générale , contre la témérité que
» nous avons eue au bout de l'Occident, de
» vouloir juger de cette Cour Orientale (la
» Cour de la Chine), &c.

RÉPONSE.

Un Lecteur , pour peu qu'il foit inftruit &
attentif , s'appercevra aifément que cette
Hiftoire générale n'a pû partir que de la plume

---

(1) De falsâ Religione , *lib. I , cap.* 21 , *pag.* 112.

d'un Poëte. Je ne veux ni l'apprécier ni entrer en lice avec le grand homme à qui on l'attribue. Mais M. l'Abbé Bazin ne récufera pas fans doute le favant Evêque de Glocefter, le Docteur Warburton, dont il fait avec raifon l'éloge en plufieurs endroits de la Philofophie de l'Hiftoire.

Ecoutons ce Savant, & voyons ce qu'il penfe de cette Hiftoire Générale, dont il réfute quelques endroits dans la Divine Légation de Moïfe.

(1) ADDITIONS A L'HISTOIRE GÉNÉRALE.

Pages 23 & 24.

»Cet ancien Commentaire du Védam me
» paroît écrit avant les conquêtes d'Alexandre ;
» car on n'y trouve aucun des noms que les
» vainqueurs Grecs impoferent aux fleuves, aux
» villes aux contrées.

RÉPONSE DE L'ÉVÊQUE.

»Cela eft auffi judicieux qu'il le feroit d'ob-
» ferver que les Annales des Sarrafins & des

---

(1) Cela eft traduit littéralement de l'Ouvrage de Mylord Evêque de Glocefter, intitulé : *The Divine Legation of Mofes demonftrated in nine books. The fourth Edition, corrected and enlarged. By William Lord Bishop of Gloucefter.* London. *Millar,* 1765, *in-*8.º 5 *vol.* Voyez *vol.* 3, *pag.* 10, *Note.*

» Turcs, ont été écrites avant les conquêtes
» d'Alexandre, parce que nous n'y remarquons
» point les noms que les Grecs imposerent aux
» rivières, aux villes & aux contrées qu'ils
» conquirent dans l'Asie mineure, & qu'on n'y
» lit que les noms anciens qu'elles avoient
» depuis les premiers temps. Il n'est jamais en-
» tré dans la tête de ce Poëte (1), que les
» Indiens & les Arabes pouvoient exactement
» avoir la même envie de rendre les noms pri-
» mitifs aux lieux d'où les Grecs les avoient
» chassés.

ADDITIONS A L'HISTOIRE GÉNÉRALE.

Page 30.

» On ne voit (2) dans toutes les Annales
» du Peuple Hébreu aucune action généreuse.
» Ils ne connoissent ni l'hospitalité, ni la libé-
» ralité, ni la clémence. Leur souverain bonheur
» est d'exercer l'usure avec les étrangers ; &
» cet esprit d'usure, principe de toute lâcheté,
» est tellement enraciné dans leurs cœurs, que
» c'est l'objet continuel des figures qu'ils em-
» ploient dans l'espèce d'éloquence qui leur

---

(1) L'Auteur de cette Histoire Universelle.
(2) The Divine Legation of Moses, *vol.* 4 , *pag.* 140.

» eſt propre. Leur gloire eſt de mettre à feu
» & à ſang les petits villages dont ils peuvent
» s'emparer. Ils égorgent les vieillards & les
» enfans ; ils ne réſervent que les filles nubiles ;
» ils aſſaſſinent leurs maîtres quand ils ſont
» eſclaves ; ils ne ſavent jamais pardonner quand
» ils ſont vainqueurs ; ils ſont les ennemis du
» genre humain.

RÉPONSE DE L'ÉVÊQUE.

» Tel eſt le coloris ferme de notre Peintre
» moral. On diroit qu'il a trempé ſon pinceau
» dans les couleurs les plus déſagréables, afin
» de tracer d'une manière hideuſe le portrait
» de ce peuple, inſtrument choiſi de la ven-
» geance de Dieu, ſur des nations qu'il avoit
» réſolu de détruire, à cauſe de leurs infâmes
» débauches & de leur idolatrie brutale ; car
» c'eſt à la deſtruction de ces nations que font
» alluſion les meurtres, les rapines, & les vio-
» lemens qu'il met ſur le compte du peuple
» Hébreu. A l'égard du reſte, je rougirois de
» m'y arrêter, tant cela eſt au-deſſous de toute
» critique. Autrement il faudroit faire obſerver
» que ce Poëte, dans ſa phrénéſie, a confondu
» le caractère des anciens Hébreux avec celui
» des Juifs modernes, deux peuples auſſi peu

» ressemblans entr'eux que les anciens Francs
» & les François d'aujourd'hui . . . . Il seroit
» aisé de s'égayer sur ce qu'il avance d'une
» manière si ridicule & si contraire au sens
» commun que *l'usure est l'objet des figures qu'ils*
» *emploient dans l'espèce d'éloquence qui leur est*
» *propre.* Cette pensée est aussi ridicule que l'ex-
» pression en est absurde. Je suppose qu'il veut
» dire que les Juifs tirent leurs figures d'élo-
» quence des circonstances qui accompagnent
» la pratique de l'usure, & que c'est à ces cir-
» constances qu'elles font allusion.

» Mais l'affaire devient plus sérieuse, à me-
» sure que nous avançons avec notre Historien.
» De quelque manière que ce Peuple soit cer-
» tainement à présent avec Dieu, pour une
» raison ou pour une autre, nous le trouve-
» rons sûrement en butte à la malédiction de
» ce Poëte. La connoissance peu commune
» qu'il a de leur usure & de leur éloquence,
» me feroit soupçonner qu'il a transigé avec
» eux quelque affaire pécuniaire, & qu'ils ont
» eu plus d'esprit, & même par dessus le mar-
» ché, plus de babil que lui.

» A l'égard de la haine de ce peuple pour le
» genre humain, qui est la pierre d'achoppe-

» ment des incrédules, il en parle plus ample-
» ment en un autre endroit.

ADDITIONS A L'HISTOIRE GÉNÉRALE.

Page 174.

» Vous êtes frappé (1) de cette haine & de
» ce mépris que toutes les nations ont toujours
» eu pour la nation Juive. C'eſt la ſuite inévi-
» table de leur Légiſlation. Il falloit, ou que
» ce Peuple ſubjuguât tout, ou qu'il fût écraſé.
» Il lui fut ordonné d'avoir les nations en hor-
» reur, & de ſe croire ſouillé, s'ils avoient
» mangé dans un plat qui eût appartenu à un
» homme d'une autre Loi…. Ils ſe trouverent
» par leur loi même, enfin ennemis naturels
» du genre humain.

RÉPONSE DE L'ÉVÊQUE.

» Je ne crois pas qu'il ſoit aiſé de trouver
» entaſſés en ſi peu de lignes, même dans le
» plus ſale égout de l'irréligion, tant de fauſ-
» ſetés, d'abſurdités & de malice. Il dit qu'il
» falloit par une ſuite inévitable de leur légiſla-

---

(1) On retrouve toutes ces calomnies répétées en d'autres termes dans la Philoſophie de l'Hiſtoire.

» tion, que ce Peuple subjuguât tout ou qu'il
» fût écrasé.

 » Il pourroit être déraisonnable de s'attendre
» qu'un Poëte se soit appliqué à la lecture
» des Livres Saints; mais du moins, on peut
» supposer qu'il a entendu parler en gros de ce
» qu'ils contiennent. Si donc il en a jamais en-
» tendu parler, comment peut-il soutenir à
» visage découvert, & à la face du soleil, que
» la Loi Mosaïque ordonnoit aux Juifs d'en-
» treprendre de vastes conquêtes, ou qu'elle
» les y encourageoit : puisque non seulement
» elle leur assignoit un district particulier &
» très-borné, mais encore qu'elle les renfer-
» moit dans ces limites, par un certain nombre
» d'institutions, telles que le partage fixe &
» permanent du pays, entre chaque tribu, la
» défense de se servir de chevaux, la distinction
» des animaux en mondes & en immondes, le
» voyage (1) que chaque individu devoit faire
» tous les ans à Jérusalem, & beaucoup d'au-
» tres. Ce Poëte, qui paroît dans toute cette

---

(1) Cela répond à ce qu'avance l'Abbé Bazin, que si
les Juifs avoient eu sept à huit cent milles de pays, il auroit
fallu qu'ils passassent leur vie à voyager pour aller sacrifier
dans le Temple chaque année. *Phil. de l'Hist.* pag. 191.
(212.)

» Histoire, meilleur Musulman que Chrétien,
» méditoit sans doute pieusement, quand il s'est
» exprimé de la sorte, sur l'Alcoran, qui en
» effet, *par une suite inévitable de sa Législation,*
» doit exciter les Sarrasins à réduire le genre
» humain en esclavage, ou animer tous les
» hommes à détruire une troupe aussi perni-
» cieuse de Mécréans.

» Mais, dit-il, *il avoit été ordonné à ce Peuple*
» *d'avoir les Nations en horreur.* S'il eût soutenu
» qu'il avoit été ordonné au Peuple Hébreu
» d'avoir en horreur l'idolâtrie des Nations, il
» auroit dit la vérité, mais ce n'eût rien été. Il
» falloit avancer qu'il avoit été ordonné aux
» Juifs d'avoir en horreur les personnes des Ido-
» lâtres. Voilà ce qui s'appelle agir en vrai
» Poëte.

» Mais lorsqu'il continue à dire que les
» *Juifs se trouvèrent, par leur Loi même, Ennemis*
» *naturels du genre humain,* ce n'est plus agir en
» Poëte, c'est abandonner toute vraisemblance ;
» car cette même Loi apprenoit à tout Juif qui
» savoit lire, que tous les hommes étoient ses
» frères. En effet, Moïse, pour prévenir cette
» aversion qu'auroit pu occasionner l'abus de
» quelqu'une de ses Loix, a été attentif à ins-
» truire la Race choisie, de l'origine du genre

» humain, & qu'il provient d'un seul homme
» & d'une seule femme. Pour imprimer encore
» plus fortement dans leurs ames cette vérité
» salutaire, il trace une généalogie exacte de-
» puis Adam, non-seulement de la ligne directe
» qui devoit habiter la Judée, mais encore de
» toutes les branches collatérales qui devoient
» peupler la terre.

» De sorte que si notre Poëte alloit s'ériger
» en Législateur (titre qui lui conviendroit
» aussi-bien que celui d'Historien général) &
» qu'il se mît à imaginer un moyen propre à
» établir parmi les hommes l'amour fraternel,
» on le défie avec toute son invention Poëtique
» ou Historique d'en trouver un plus efficace
» que celui dont s'est servi Moïse. Les Athéniens
» regardoient, de même que les Juifs, tou-
» tes les autres Nations comme des barbares.
» S. Paul, voulant donner à leurs affections l'é-
» tendue qu'exige la bienveillance chrétienne,
» n'emploie point d'autre moyen, sinon que
» Dieu a produit toutes les Nations d'un seul
» homme, & de là il conclud qu'ils sont tous
» frères.

» Mais, dira-t-on, que faut-il donc penser de
» cette haine pour le genre humain, dont les
» anciens Païens accusoient les Juifs ? J'ai fait

» voir dans mon premier (1) volume, que cette
» calomnie n'étoit fondée fur aucun fait qui pût
» lui donner la moindre couleur, & que c'é-
» toit une conféquence imaginaire de la haine
» & de l'horreur qu'avoient les Juifs pour les
» Idoles du Paganifme, & de leur ferme atta-
» chement au culte du vrai Dieu. Indépendam-
» ment de cette caufe, je veux dire, les Prin-
» cipes & la Doctrine de la Réligion Mofaïque,
» il y en avoit une autre, les Rites & les Cé-
» rémonies prefcrites par cette Réligion. L'un
» ou l'autre fuffifoit pour perpétuer la calom-
» nie parmi des ignorans ou des gens remplis de
» préjugés. Les ennemis de la Révélation con-
» viennent eux-mêmes, que la Doctrine enfei-
» gnée par la Religion Mofaïque étoit digne
» de fon origine. Je vais maintenant prouver
» à notre Poëte, que l'établiffement des Céré-
» monies, en tant que néceffaires au foutien de
» la Doctrine, n'étoit pas d'une moindre im-
» portance.

» La féparation d'un peuple d'avec tous les
» autres, dans la vue de conferver la Doctrine
» de l'Unité, étoit un deffein jufte.

_____

(1) Il faut toujours fe rappeler que c'eft M. l Evêque
de Glocefter qui parle.

» On ne pouvoit effeĉtuer cette féparation
» que par une Loi Cérémonielle.

» On ne pouvoit établir d'autre Loi Céré-
» monielle, propre à remplir cet objet, qu'une
» Loi qui fît regarder les Gentils comme im-
» purs , par le peuple féparé.

» Il falloit donc éviter avec horreur ce que
» l'on regardoit comme une impureté légale ;
» c'en eft une conféquence.

» Les ennemis des Juifs , venant à obfer-
» ver cette averfion , la repréfentoient mali-
» cieufement, comme provenant de cette haine
» imaginaire pour le genre humain. Quelle idée
» devons-nous donc nous former ; je ne dis
» pas, de la Religion , mais de la probité d'un
» Ecrivain moderne, qui, fans avoir la plus
» légère idée de la nation Juive , ou de fon gou-
» vernement , répète une calomnie ancienne-
» ment réfutée, avec l'affurance de quelqu'un
» qui vient de découvrir une vérité , dont tout
» le monde tombe d'accord ? Les Païens, com-
» parés à ce groffier (1) libertin , faifoient voir
» de la décence. Ils n'ont jamais pouffé l'info-

---

(1) J'aurois fouhaité pouvoir adoucir les termes ici &
en quelques autres endroits ; mais l'exaĉtitude de la traduction ne me l'a point permis.

» lence jufqu'à dire, *que cette prétendue haine* » *pour le genre humain, étoit ordonnnée aux Juifs* » *par leur Loi même.* Ils avoient plus de juge- » ment & de modeftie. Ils refpeɛtoient le grand » Légiflateur des Juifs, qu'ils voyoient avoir » pofé, par fon récit de l'origine du genre » humain, les fondemens les plus folides de » l'amour fraternel pour tous les hommes, » fondemens qu'aucun des plus habiles Lé- » giflateurs de l'antiquité n'a eu la fagacité de » découvrir, ou l'efprit de mettre en vigueur.

Le favant Evêque de Glocefter continue à réfuter avec la même force l'Auteur de cette Hiftoire, ou plutôt de ce Roman; mais comme cela nous meneroit trop loin, j'ai réfolu d'en refter là, perfuadé que ce que je viens de rap- porter, fuffifoit pour apprendre à M. l'Abbé Bazin, le cas que les gens Senfés & Savans font de cet Effai fur l'Hiftoire, qu'il cite d'une manière fi avantageufe. Il y auroit cependant encore bien d'autres chofes curieufes, & qui auroient pû trouver place ici, & entr'autres une note, où ce favant Evêque réfute deux ou trois paffages du *nouveau plan de l'Hiftoire de l'efprit humain,* ouvrage du même Auteur. Mais les bornes que je me fuis prefcrites, ne me permettent point de les rapporter. Je me

contente de renvoyer les Lecteurs curieux à
l'original Anglois.

*Philof. de
l'Hiftoire ,
p.112.(123.)*   » Mais qui pourra croire, que par chacune
» des cent portes de Thèbes, il fortoit deux cens
» chariots armés en guerre, & cent mille (1)
» combattans ? cela feroit vingt mille chariots
» & un million de foldats ; & à un foldat pour
» cinq perfonnes, ce nombre fuppofe au moins
» cinq millions de têtes pour une feule ville, dans
» un pays qui n'eft pas fi grand que l'Efpagne
» ou que la France, qui n'avoit pas, felon
» Diodore de Sicile , plus de trois millions
» d'habitans, & plus de cent foixante mille
» foldats pour fa défenfe. Diodore dit , *liv. I.*
» que l'Egypte étoit fi peuplée qu'autrefois elle
» avoit eu jufqu'à fept millions d'habitans, &
» que de fon temps elle en avoit encore trois
» millions.

Réponse.   Le prétendu Abbé Bazin, qui cite exactement le paffage de Diodore de Sicile, fur la
population de l'Egypte, auroit bien dû nous
dire dans quelle fource il a puifé ce qu'il avance

---

(1) C'eft fans doute une faute d'impreffion. Il faut lire
dix mille combattans , autrement cela feroit dix millions
de Soldats. Cette faute eft répétée dans la contrefaction.

au

au fujet de Thèbes. Je ne vois que Pomponius-Mela, qui ait dit à-peu-près la même chofe. Mais il l'aura lu fans doute trop rapidement, & fon imagination vive ne lui aura pas permis d'examiner fi le paffage de cet Auteur n'étoit point corrompu.

Thèbes étoit parvenue du temps d'Homère à fon plus haut point de grandeur. Elle avoit, fuivant ce Poëte (1), cent portes, par chacune defquelles il fortoit deux cents hommes avec leurs chevaux & leurs chars. Mais comme les chars du temps d'Homère étoient montés par deux hommes, dont l'un conduifoit les chevaux, & l'autre combattoit ; il s'enfuit qu'il fortoit par chaque porte de Thèbes cent chars ; c'eft-à-dire, que cette fuperbe ville pouvoit mettre fur pied vingt mille hommes, & dix mille chars de guerre.

Homère, en parlant de l'île de Crète, fait mention (2) de fes cent Villes. Le même Poëte ne donne à cette même île, que quatre-vingt-dix villes dans le dix-neuvième livre de l'Odyffée, vers 174 ; & le Scholiafte, fur ce vers, prétend que Crète aux cent villes, ne

-----

(1) Iliad. 9, 383.

(2) Iliad. 2, 649.

doit s'entendre que d'une manière indéfinie,
& que cela ne fignifie rien autre chofe que l'île
de Crète, qui renferme beaucoup de villes.
Il faudroit peut-être entendre de même le
paffage du Poëte où il parle de Thèbes.

Diodore de Sicile (1) s'accorde avec Homère. Il ajoute enfuite, qu'il y a des perfonnes qui prétendent que cette ville n'avoit
point cent portes, mais un grand nombre de
vaftes veftibules de temples, d'où elle avoit
pris le nom de Thèbes aux cent portes. Mais le
même Diodore, fans s'arrêter à ce fentiment,
que le paffage d'Homère rapporté ci-deffus
fuffit pour réfuter, affure que dans le pays,
le long du fleuve, depuis Memphis jufqu'à
Thèbes, du côté de la Lybie, il y avoit eu cent
édifices, dans chacun defquels on entretenoit
deux cents chevaux, & que, de fon temps, on
en voyoit encore les fondemens. Mais quand
cet Auteur avance, qu'il en fortoit pour la
guerre vingt mille chars, il eft clair qu'il fe
trompe, puifqu'en comptant deux chevaux
par char, il ne devoit y en avoir que cent dans
chacun de ces édifices, & par conféquent dix
mille en tout.

______

(1) Diod. Sicul. *lib. I, pag.* 55.

Ces deux Ecrivains ne font guères favorables, comme on le voit, à l'Abbé. Mais fans doute qu'il s'appuie, fans en rien dire, du témoignage de Pomponius-Mela. Voici le paffage de cet Auteur. *Theba* (1) *uti quæ* (fortè delenda eft vox *uti*) *ut Homero dictum eft centum portas, five, ut alii aiunt, centum aulas habent, totidem olim principum domos; folitafque fingulas, ubi negotium exegerat, denà armatorum millia effundere.*

Il eft clair que Pomponius-Mela, avoit en vue Diodore de Sicile. Il n'a pu par conféquent dire, qu'il fortoit de chacun de ces édifices dix mille hommes armés. Il y a grande apparence que *fingulas* eft de trop, & que *curruum aura* échappé au copifte après *armatorum ;* ou bien, il faut lire avec Pintianus & Olivarius, *ducenos armatos effundere.* Schott approuve pareillement cette conjecture. Il rejette cette faute fur les copiftes qui fe feront fervi d'abréviations mal-entendues, quoiqu'il n'ofe affurer, que Pomponius-Mela, ne fe foit point trompé en fe fiant trop à fa mémoire.

Denys le Périégete (2) parle (vers 249), des cent portes de Thèbes, fans rien ajouter

---

(1) Pomp. Mela. *lib. I, cap.* 9 , *pag.* 65.
(2) Inter Geograph. veteris Scriptores Minores, *vol.* 4.

de plus ; Euſtathe, qui l'a commenté, ne dit rien davantage.

Il eſt donc clair, d'après ce que je viens de dire, que ce million de ſoldats, n'eſt dû qu'à la brillante imagination de M. l'Abbé, ou à un paſſage mal lu de Pomponius-Mela.

Philoſ. de l'Hiſtoire, p. 113. (123.) » Vous ne croyez pas plus aux conquêtes » de Séſoſtris, qu'au million de ſoldats qui ſor- » tent par les cent portes de Thèbes. Ne pen- » ſez-vous pas lire l'Hiſtoire de Picrocole, » quand ceux qui copient Hérodote, vous » diſent que le Père de Séſoſtris, fondant ſes » eſpérances ſur un ſonge & ſur un oracle, » deſtina ſon fils à ſubjuguer le monde, qu'il » fit élever à ſa cour, dans le métier des ar- » mes, tous les enfans nés le même jour que » ce fils ; qu'on ne leur donnoit à manger » qu'après qu'ils avoient couru huit de nos » grandes lieues ; & qu'enfin Séſoſtris partit » avec ſix cent mille hommes, vingt-ſept mille » chars de guerre, & alla conquérir toute la » terre, depuis l'Inde juſqu'aux extrémités du » Pont-Euxin, & qu'il ſubjugua la Mingrelie » & la Géorgie, appelée alors la Colchide.

RÉPONSE. Il eſt aiſé de voir que feu M. l'Abbé Bazin, en veut ici à un célèbre Profeſſeur de l'Univerfité de Paris, dont la mémoire y fera long-temps en vénération. On s'eſt attaché depuis quelque temps à le décrier ; on a critiqué les réflexions ſages, mais peut-être un peu trop fré-quentes dont il accompagne ſes récits : comme ſi l'on avoit perdu de vue, que ſon ouvrage étoit principalement deſtiné aux jeunes gens, dont il étoit auſſi important de former les mœurs que le goût.

Si tout autre que M. l'Abbé eût fait une pa-reille critique du ſage Rollin, j'aurois pu ſoup-çonner que dans l'intention de lui prêter des ridicules, il avoit ajouté quelques circonſ-tances à ſes récits, ou qu'il en avoit ſupprimé d'eſſentielles. Mais la *candeur reconnue* du pré-tendu Abbé Bazin, le met à l'abri d'un pareil ſoupçon ; & l'on ne doit attribuer cela qu'à l'immenſité de ſes lectures, qui ne lui aura point permis d'apporter toute l'attention qu'il auroit dû aux ouvrages de M. Rollin.

1.° Il eſt bien étrange que M. l'Abbé, à qui Hérodote devoit être ſi familier, lui ait attri-bué un paſſage de Diodore de Sicile. Il a été ſans doute induit en erreur par une citation du célèbre Rheteur, qu'il a tant de plaiſir à trouver en faute. M. Rollin cite en marge Hérodote, pour prouver que Séſoſtris avoit été un des

plus grands conquérans de l'antiquité. Il rapporte enfuite ce que fit le père de Séfoftris,
pour faire de fon fils un conquérant, & il apporte en marge pour garant de ce qu'il avance
Diodore de Sicile. M. l'Abbé, qui lit fi rapidement, n'aura pris garde qu'à la citation d'Hérodote, & il ne fe fera pas donné la peine de
confulter cet Auteur.

2.° M. Rollin (1) dit que le père de Séfoftris, par inftinct, ou par humeur, ou comme
le difent les Egyptiens , par l'autorité d'un
Oracle, conçut le deffein de faire de fon fils
un conquérant. M. l'Abbé , au contraire, lui
fait affirmer, que le père de Séfoftris fonda fes
efpérances fur un fonge & fur un oracle. Pour
Diodore de Sicile , il raconte (2), » qu'après
» la mort de fon père , Séfoftris, enflé de fes
» fuccès, réfolut de fubjuguer le monde entier.
» Quelques-uns difent qu'il y fut pouffé par fa
» fille Athyrtis , qui furpaffant tout le monde
» en fageffe , fit connoître à fon père la facilité
» qu'il trouveroit à fon expédition. D'autres
» prétendent, qu'elle le connut par la Divina-

---

(1) Hiftoire Ancienne , &c. *tom. I, pag.* 129.
(2) *Lib. I, pag.* 63.

» tion, en examinant les entrailles des victi-
» mes, ou en dormant dans les temples , ou
» en obfervant des fignes arrivés dans l'air.
» Il y en a auffi qui ont écrit, qu'à la naiffance
» de Séfoftris , Vulcain apparut en fonge à fon
» père, & lui prédit que l'enfant nouveau né
» feroit la conquête du monde entier.

M. Rollin n'affure rien. Diodore de Sicile fe contente de rapporter divers fentimens , fans s'arrêter à aucun. Pour M. l'Abbé Bazin, ailleurs fi circonfpect , qu'il paroît un peu Pyrrhonien , il tranche hardiment & prend de ces tons décififs, qui ne conviennent qu'à la conviction la plus intime.

3°. M. Rollin (1) raconte d'après Diodore de Sicile, l'éducation que le père de Séfoftris fit donner aux enfans de même âge que fon fils. Mais cet Hiftorien , ajoutant, qu'on ne leur donnoit à manger qu'après avoir parcouru 180 ftades ; cela parut fi peu croyable au fage Rollin, qui n'avoit pas le temps d'évaluer le ftade , qu'il fe contenta de dire, qu'on ne donnoit à manger à ces enfans, qu'après avoir fait à pied ou à cheval une courfe confidérable. S'il y a donc quelque abfurdité dans ce récit , c'eft à Dio-

____

(1) Hiftoire Ancienne , *tom. I , pag.* 129.

L 4

dore de Sicile qu'il faut l'imputer, & non à M. Rollin. Mais examinons un peu s'il ne faudroit pas la mettre fur le compte de l'Abbé Bazin.

Les Grecs avoient trois fortes de Stades. L'olympique, dont il falloit huit pour un mille Romain, de 75 au degré, étoit d'environ 94 toifes & demie. Le fecond plus court d'un cinquième, étoit de 76 toifes & demie. Il y en avoit dix au mille. Le petit ftade eft évalué à 51 toifes, par M. d'Anville (1), dont les connoiffances en géographie ne font conteftées de perfonne. Ce Savant prouve très-bien que l'évaluation du fchène par Eratofthène à 40 ftades, revient à celle d'Hérodote qui lui en donne 60. Il faut feulement faire attention qu'Eratofthène fe fert du fecond ftade, dont l'ufage avoit prévalu de fon temps, & qu'Hérodote n'emploie que le petit. Multipliez en effet les 40 ftades d'Eratofthène par 76 toifes & demie, vous aurez 3060 toifes. Multipliez enfuite les 60 ftades d'Hérodote par 51, vous

______

(1) Voyez les deux Mémoires de M. d'Anville fur la mefure du Schène Egyptien, & fur la mefure de la Terre par Eratofthène, parmi les Mémoires de l'Académie des Belles-Lettres, *vol.* 26. *p.* 8 : &c.

aurez le même nombre de toises. Or en parlant de l'Egypte, Diodore de Sicile se sert souvent de ce petit stade. Il donne (1) en effet au Lac Mœris 3600 stades de tour. Hérodote (2), en lui assignant la même mesure, ajoute ces paroles, ce qui fait 60 schènes. Diodore de Sicile & Hérodote vouloient donc parler de stades de 60 au schène. Il est par conséquent très-vraisemblable que Diodore de Sicile, en faisant mention de la course, qu'on obligeoit les jeunes gens à faire avant de leur donner à manger, avoit en vue ces petits stades. Or 180 de ces stades font 9180 toises ; ils reviennent par conséquent à 3 lieues & demie & quelque chose, en évaluant la lieue à 2500 toises.

Je crois inutile de faire observer que dans ces siècles-ci, où les hommes énervés ne ressemblent plus guères à ceux des précédens que par la figure, il se trouve encore de jeunes gens qui font à jeun autant de chemin.

Je laisse maintenant au lecteur à décider de quel côté est l'absurdité ; si c'est de celui de Diodore de Sicile, ou de celui du prétendu Abbé Bazin.

____

(1) Diod. Sic. *lib. I*, §. 51, *pag.* 61.
(2) Herodot. *lib. II*, §. 149.

Philof. de l'Hiftoire, *p.* 113. (124.)

››Hérodote ne doute point que Séfoftris ››n'ait laiffé des colonies en Colchide, parce ››qu'il a vu à Colchos des hommes bafanés, ›› avec des cheveux crépus, reffemblans aux ››Egyptiens. Je croirois bien plutôt que ces ››efpèces de Scythes, des bords de la mer ››noire & de la mer Cafpienne, vinrent ran-››çonner les Egyptiens quand ils ravagerent ››fi long-temps l'Afie avant le regne de Cyrus. ›› Je croirois qu'ils emmenèrent avec eux des ››efclaves d'Egypte, ce vrai pays d'efclaves ››dont Hérodote put voir, ou crut voir les ››defcendans en Colchide. Si ces Colchidiens ››avoient en effet la fuperftition de fe faire cir-››concire, ils avoient probablement retenu ››cette coutume d'Egypte, comme il arriva ››prefque toujours aux peuples du Nord, de ››prendre les rites des nations civilifées qu'ils ››avoient vaincues.

RÉPONSE. Que veut dire ici M. l'Abbé Bazin? à force de chercher des raifons pour infirmer le té-moignage d'Hérodote, il s'embrouille telle-ment, qu'il ne fait plus où il en eft. Il fuppofe que les Scythes emmenèrent avec eux des efclaves d'Egypte, dont Hérodote put voir, ou crut voir les defcendans. Il prétend tout de suite, que ces Colchidiens étoient de véritables Scythes, qui avoient retenu la Circoncision de l'Egypte. Car ajoute-t-il ; » il arriva » presque toujours aux peuples du Nord de » prendre les rites des nations civilisées qu'ils » avoient vaincues ». Mais si ces Colchidiens (1) étoient des Scythes : comment , en empruntant la Circoncision des Egyptiens , avoient-ils pu prendre aussi leur teint basané & leurs cheveux crépus. Si, suivant M. l'Abbé Bazin, ce sont des esclaves Egyptiens transplantés en Colchide, pourquoi le même Abbé les métamorphose-t-il, une ligne plus bas, en ces Scythes qui les subjuguèrent ?

M. l'Abbé veut absolument qu'on mette au rang des fables les conquêtes de Sésostris. Il faut pour cela jeter des doutes sur le récit d'Hérodote. Cet Historien (2), suivant lui , racontoit ingénuement aux Grecs, ce que les Egyptiens lui avoient dit. Il me semble qu'Hé-

---

(1) L'Abbé suppose sans doute qu'il n'y avoit qu'une partie des Colchidiens qui eût le teint basané. Ils descendoient, selon lui, des Egyptiens que les Scythes avoient emmenés en esclavage. Hérodote raconte au contraire que tous les Colchidiens avoient le teint noir & les cheveux crépus. C'est d'après le récit de cet Historien, que je trouve absurde le raisonnement de l'Abbé. Voyez Hérodot. *lib. II,* §. 104.

(2) Philosophie de l'Histoire , *pag.* 115. (126.)

rodote n'eſt point ſi crédule qu'on voudroit nous le perſuader , & qu'il ſuit une toute autre marche que celle qu'on lui fait tenir. Il y avoit encore de ſon temps des monumens qui conſtatoient les conquêtes de Séſoſtris. Il en parle en témoin occulaire. Il dit, *Liv. II.* §. 102. que ce Prince érigeoit des colonnes dans tous les pays qu'il ſubjuguoit ; §. 103. qu'étant paſſé en Europe, il conquit la Scythie & la Thrace, mais qu'il ne lui paroît pas avoir été plus loin , puiſqu'on y trouve de ces colonnes, & qu'on n'en voit point au-delà. Il y en avoit donc encore du temps d'Hérodote. Mais ce n'eſt pas tout , il ajoute , §. 106 , que la plupart des colonnes que ce Prince fit élever, ne ſubſiſtoient plus alors, qu'il en avoit cependant vu quelques-unes avec des inſcriptions en caractères ſacrés , & les parties génitales de la femme. C'étoit, comme il le dit §. 102, l'emblème de la lâcheté des peuples qu'il avoit ſoumis. On peut voir encore dans le même Auteur , §. 106, ce qu'il dit de deux ſtatues de Séſoſtris , taillées dans le roc, dont l'une étoit ſur le chemin qui conduit d'Ephèſe à Phocée , & l'autre ſur celui de Sardes à Smyrne.

M. l'Abbé emploie toute la ſubtilité de ſon eſprit, pour faire voir qu'on ne peut conclure avec Hérodote, que les hommes basanés avec des cheveux crépus, qu'il a vus en Colchide, n'étoient pas des descendans de ceux qui avoient accompagné Sésostris. Suivant lui, ces hommes basanés étoient la postérité de ces Egyptiens, que les Scythes emmenèrent en esclavage, lorsqu'ils vinrent les rançonner.

1.° Il n'est rien moins que prouvé que les Scythes qui ravagèrent l'Asie, & s'acheminèrent ensuite vers l'Egypte, fussent les mêmes que ceux de la Colchide. J'invite M. l'Abbé à lire le §. 104 du Livre premier d'Hérodote.

2.° Hérodote (1) raconte que les Scythes, s'étant emparés de toute l'Asie, s'acheminèrent vers l'Egypte ; que Psammitichus, Roi de ce Pays, vint au-devant d'eux dans la Syrie de la Palestine, & qu'à force de présens & de prières, il les engagea à s'en retourner.

Cet Historien ne dit pas un mot, comme on le voit, d'Egyptiens emmenés en esclavage. Où donc M. l'Abbé a-t-il pris cette anecdote ? il nous l'apprend lui-même ; c'est dans son imagination fertile & brillante. » *Je croirois* (2), » dit-il, qu'ils emmenèrent avec eux des escla-

---

(1) Herod. *lib. I,* §. 105.
(2) Philosoph. de l'Hist. *pag.* 114. (124.)

» ves d'Egypte, ce vrai pays d'esclaves ». Et là-dessus, il nous fait une longue énumération de toutes les occasions où les Egyptiens furent subjugués. J'en appelle à la *bonne-foi & à la sincérité si connues de M. l'Abbé* ; est-il honnête de supprimer les victoires & les conquêtes des Séfostris, des Séthon, & de tant d'autres ; la belle défense des Egyptiens contre (1) Cyrus, l'éloge qu'en fait ce grand Prince, son amitié qu'il leur fait offrir, leur généreuse réponse, & la vigoureuse résistance qu'ils firent contre (2) Cambyse.

3.° Passons maintenant au raisonnement d'Hérodote, que M. l'Abbé défigure d'une étrange manière. Cet Historien ne se contente pas de prouver l'expédition de Séfostris en Colchide, par le teint basané & les cheveux crépus de ses habitans, comme M. l'Abbé voudroit nous le faire croire, mais encore par plusieurs circonstances, qui réunies donnent à ce trait historique toute l'évidence dont il est susceptible.

Hérodote (3) atteste qu'on voyoit encore

____

(1) Xenoph. Cyropæd. *lib. VII, pag.* 406 *& seq.*
(2) Herodot. *lib. III,* §. 11.
(3) Herodot. *lib. II,* §. 103.

de fon temps des colonnes érigées par Séfoftris en Scythie & dans la Thrace, & qu'à fon
retour, une partie de fon armée, ennuyée
d'une fi longue expédition, fe fixa fur les bords
du Phafe, ou que lui-même il l'y laiffa. Il eft
clair, par le récit d'Hérodote, que les Egyptiens ont été en Colchide. Mais, non content
de l'avoir prouvé par les colonnes trouvées
en Scythie & en Thrace, il cherche à appuyer
cette preuve par les ufages & les reffemblances
qu'ont les Colchidiens avec les Egyptiens:
comme la Circoncifion, le teint noir, les
cheveux crépus. Il ajoute que les Egyptiens ne
fe reffouvenoient que foiblement des Colchidiens, qu'ils les croyoient cependant des defcendans de ceux qui avoient accompagné
Séfoftris; mais que les Colchidiens confer-
voient plus de fouvenir des Egyptiens. Qu'on
rapproche la preuve tirée de ces peuples, fi
reffemblans l'un à l'autre, & celles que four-
niffent les colonnes trouvées en Scythie, &
que l'on me dife fi ce fait ne porte pas avec foi
tous les caractères de vérité, dont eft fufceptible un événement fi ancien.

Hérodote n'eft pas le feul Auteur qui pré-
tende que les Colchidiens font une colonie

d'Egypte. Le Scholiaste de Pindare (1) dit à propos de la couleur noire des Colchidiens , qu'il y a des Ecrivains qui assurent qu'ils sont une Colonie Egyptienne.

Scymnus, au rapport du Scholiaste d'Apollonius-Rhodius (2) dit la même chose dans sa Description de l'Asie , aussi bien que Tzetzes sur Lycophron (3), & Apollonius - Rhodius (4) dont voici les paroles. »On dit que delà (de » l'Egypte) il sortit quelqu'un qui parcourut » toute l'Europe & l'Asie, se fiant au courage » & à la force de ses troupes. Il fonda, dans les » pays qu'il parcourut, un grand nombre de » villes, dont les unes sont encore habitées & » les autres ne le sont plus. Car il y a bien » des siècles depuis ce temps-là. Æa subsiste » encore actuellement ; ses habitans descendent » des hommes qu'il y établit.

Le Scholiaste d'Apollonius-Rhodius nous apprend sur ces vers, que ce conquérant est Sesonchosis, c'est-à-dire Sésostris, (5) qu'il fonda la ville d'Æa , & que les Colchidiens sont une

---

(1) Sur le Vers 376 de la IV. Ode des Pythiques.
(2) Apoll. Rhod. *pag.* 412 , *ligne* 5, en remontant.
(3) Vers 887.
(4) Argonaut , *lib. IV,* 272.
(5) Diodore de Sicile le nomme de même, *vol. I, p.* 61.

colonie

colonie des Egyptiens. Apollonius passe son nom sous silence, à cause que la mesure & l'harmonie des vers ne lui permettoient pas de l'y placer.

(1) Denys le Périégète est de même sentiment : » A l'endroit le plus reculé du Pont, » derrière les Tyndarides sont les Colchidiens, » colonie d'Egypte, μέτιλυδὶς Ἀιγύπτοιο. Eustathe explique très-bien ce terme par *ἄποικοι coloni.* Cette explication se trouve aussi en marge d'un manuscrit précieux de cet Auteur, qui a appartenu au savant Budée, & qui est actuellement en ma possession.

On lit de même dans Ruf. Festus Avienus :

Impiger hos propter Colchus colit. Iste feraci
Exsul ab Ægypto celsæ serit aspera rupis.
Descriptio Orbis Terræ, V. 873.

Et dans Valérius-Flaccus :

Ut prima Sesostris
Intulerit rex bella Getis ; ut clade suorum
Territus, hos Thebas, patriumque reducat ad amnem ;
Phasidis hos imponat agris, Colchosque vocari
Imperet :
Argonaut. lib. V. 419.

Je ne sache pas qu'il y ait d'autres Auteurs, si l'on en excepte Pline le Naturaliste, qui ait

---

(1) Dionysii Orbis Descriptio, *vers.* 688, inter Geographiæ veteris Scriptores minores.

M

avancé que Séſoſtris ait été battu. Je ne crois pas que le témoignage de ces deux Ecrivains puiſſe contrebalancer celui de tous les Hiſto‑riens qui ont parlé de Séſoſtris. Bochart (1) eſt perſuadé, que les Colchidiens ſont une colonie d'Egypte ; mais il ne peut s'imaginer qu'ils aient été fondés par Séſoſtris. Il s'appuie ſur ce que, ſuivant Joſeph, Séſoſtris eſt le même que Séſac (2), contemporain de Roboam, Roi de Juda. J'aurai occaſion d'en parler dans un autre Ouvrage. On peut, cependant conſul‑ter les Chapitres VIII & IX des *Origines Ægyp‑tiorum* de Perizonius, *pag.* 118 *& ſuiv.*

Philoſ. de l'Hiſtoire, p. 117.(128.)
Les Prêtres Chaldéens s'appeloient *Mag* ; ceux des Egyptiens, *Choen*, au rapport de Diodore de Sicile.

P. 119.(129.)
Les *Choen*, ou Prêtres d'Egypte.

Je ne me rappelois pas d'avoir jamais vu ce ter‑me dans Diodore de Sicile : cependant, comme

─────────────────────────

(1) Je me ſuis aperçu après‑coup que M. Bochart avoit apporté à peu près les mêmes citations que moi. J'ai cru d'autant moins devoir les ſupprimer, que les mien‑nes me paroiſſent plus amples & plus exactes. **Voyez** Geograph. Sacr. *tom. I, col.* 286.
(2) Le Chevalier Marsham eſt de même ſentimens. **Voyez** *Chronic. Canon.* pag. 22 & 358.

en lifant autrefois cet Auteur, il pouvoit fort bien fe faire qu'il m'eût échappé, j'ai relu tout ce qu'il raconte de l'Egypte. Je n'y ai pas aperçu la moindre trace du mot *Choen.* Mais comme l'érudition du prétendu Abbé Bazin m'eft connue, je me fuis avifé de recourir à la traduction latine, où peut-être j'ai été affez heureux pour rencontrer ce qui a donné oc-cafion à ce mot. Voici le paffage latin de Dio-dore (1). *Signis hoc probant in infulâ iftâ reli-quis, fepulcro videlicet Ofiridi extructo, univerfis per Ægyptum facerdotibus religiofo, & CCCLX pateris* (choas vocant) *in eo repofitis.* C'eft donc à ce mot *Choas* que nous fommes redevables de cette dénomination des Prêtres Egyptiens: M. Bazin fait, comme on le voit, rapporter *Choas* à *Sacerdotibus*, & prend favamment un mot Grec pour un Egyptien. Il me femble ce-pendant que cela ne faifoit pas la moindre dif-ficulté. Voici la traduction littérale de ce paf-fage, d'après le Grec, qui eft encore plus clair que le Latin. »Ils montrent des marques fub-»fiftantes de cela dans cette île, le tombeau »d'Ofiris, que tous les Prêtres d'Egypte hono-

____

(1) *Lib.* 1, §. 22.

» rent en commun, & les 360 Conges qui y
» font renfermés.

Je crois devoir avertir ici que le mot χοάς
eſt mal accentué dans Diodore de Sicile. Il le
faut écrire avec un accent circonflexe, quand
il ſignifie une certaine meſure ; avec un accent
aigu, il ſe prend pour des libations faites en
l'honneur des morts, ou cette fête qui ſe célé-
broit à Athènes le douzième du mois Antheſte-
rion. On lit dans Suidas (1) Χοάς ὅτι ἐπὶ μέτρυ τίθεται
πεεισπᾶται. Χοάς prend un accent circonflexe
quand il s'emploie pour une meſure. Ammonius (2) dit à peu près de même : Χοάς συντεταλμένως
τὴν ἑορτήν. Χοᾶς δὲ περισπωμένως ἐπὶ μέτρων τῦ οἴνυ.
Le mot *Choas*, quand il eſt bref, ſe prend pour
une fête ; avec un accent circonflexe, pour une
certaine meſure de vin. On trouve des exemples de l'une & de l'autre ſignification dans Ariſ-
tophane. Mais dans les Acharniens, vers 999,
il faut lire χοᾶς & non χοάς, puiſqu'il s'agit en
cet endroit d'un conge & non d'une fête,
comme l'a mal entendu Ammonius au mot χοάς.

Diſons cependant la vérité, Moïſe donne (1)

---

(1) Au mot Χοάς, *vol.* 3, *pag.* 676.
(2) Ammon. de Differentiis Vocum. Voc. Χοάς, *p.* 148.
(3) Geneſ. *cap.* 46, ℣. 20.

le nom de Chohen à Putiphar, Prêtre d'Héliopolis, dont Joseph épousa la fille Aseneth.
La Vulgate a rendu ce mot par *sacerdos*, & Coc-
ceius dans son Lexicon, par *qui accedit ad Regem
& is qui summus est*. Sans doute que l'on donna
ce nom à Putiphar, parce qu'en qualité de
Grand-Prêtre du Soleil, il approchoit de la
personne du Roi. Mais j'ai de la peine à me
persuader que tous les Prêtres en Egypte
eussent la même considération, & que par
conséquent ils portassent le nom de Chohen.

M. l'Abbé a-t-il donc lu la Bible en Hébreu?
Il n'y a guère d'apparence. Il prodigue si souvent l'érudition avec tant de faste & d'osten-
tation, qu'il n'est point vraisemblable qu'il eût
voulu nous laisser ignorer qu'il savoit cette langue. Mais si M. l'Abbé n'a pu lire la Bible dans
la langue originale, où donc a-t-il trouvé ce
mot? La Divine Légation de Moïse, ouvrage
savant, qu'il a surement lu, & dont il auroit
dû mieux profiter, fait mention dans la même
phrase de Moïse, de Diodore de Sicile, & du
Chohen. Cela a donné occasion à la méprise
de M. l'Abbé, comme on s'en convaincra
à l'inspection du livre de l'Evêque de Glocester.

M 3

Voici le paſſage en queſtion. » Again (1)
» Moſes ſupports what Diodorus ſays of the
» public and high employment of the prieſts,
» (who were Privy Counſellors and Miniſters
» of ſtate) where ſpeaking of the prieſt of *On* ,
» he calls him *Chohen*. Bien plus, Moïſe vient
» à l'appui de ce que dit Diodore de Sicile des
» emplois publics & élévés des Prêtres, (ils
» étoient Conſeillers privés & Miniſtres d'Etat)
» dans l'endroit où parlant du Prêtre de *On* ,
» il l'appelle *Chohen* ». L'Evêque de Gloceſter
cite au bas de la page la Genèſe, *Chap.* 46,
verſet 20. M. l'Abbé, ne s'imaginant pas que
le Docteur Warburton citoit la Bible Hébraïque, aura ſans doûte eu recours à la Vulgate,
mais n'y ayant trouvé ni *On* , ni *Chohen* , il aura
cru que la citation tomboit ſur Diodore de
Sicile, & qu'il y avoit une faute d'impreſſion
dans l'ouvrage Anglois. Du moins c'eſt tout
ce que je puis imaginer pour ſauver l'honneur
de l'Abbé.

Bochart parle auſſi des *Chohen*. M. l'Abbé
qui le met ſi ſouvent à contribution, ſans en rien
dire, ne peut cependant l'avoir pris de cet
Auteur. 1.° Parce que ce Savant met ce mot

---

(1) Divine Legat. of Moſes, *vol.* 3ᵈ. *pag.* 36.

en Hébreu, & non en caractères ordinaires.
2.° parce qu'il n'y a que M. Warburton qui
cite Diodore de Sicile, & qui par là ait pu occasionner la méprise de M. l'Abbé.

Il s'enfuit de-là, 1.° que M. Bazin attribue
à Diodore de Sicile un mot qui ne se trouve
point dans cet Auteur.

2.° Qu'il s'en est entièrement rapporté au
Docteur Warburton. Mais si ce Savant s'étoit
trompé, comme j'ai tout lieu de le présumer,
tant pis pour notre pauvre Abbé.

Il n'y a pas d'apparence que les Prêtres
fussent constamment attachés à la personne du
Roi, comme ses coadjuteurs, ses conseillers &
ses maîtres dans les affaires les plus importan-
tes. Cela pouvoit être vrai de quelques-uns
de leurs chefs, par exemple, du Grand-Prêtre
du Soleil, dont le collège étoit renommé par
l'étendue du savoir. C'est aussi sans doute ce
qui lui a fait donner dans l'Ecriture le nom de
Chohen, non à cause qu'il signifie Prêtre,
mais *celui qui approche du Roi.* Ce mot ne
peut se prendre dans la première acception;
autrement dans l'Exode (1) il auroit fallu

______

(1) Exod. *cap.* 19, *verf.* 22.

rendre ce verſet, *que les Prêtres qui approchent du Seigneur* , par, *que les Prêtres qui ſont les Prêtres du Seigneur.* La Vulgate l'a très-bien rendu : Sacerdotes qui accedunt ad dominum. Dans l'original, *Chohen* répond à *qui accedunt.* La Vulgate a rendu au premier livre des Paralipomènes (1), le même terme par, *primi ad manum Regis.*

Il en étoit probablement de même des Prêtres en Egypte, comme parmi nous. Notre Clergé occupe le premier rang dans l'Etat, mais un Vicaire de village, un Moine, n'approchent pas pour cela de la perſonne ſacrée de nos Rois.

A l'égard des Prêtres Babyloniens, que M. l'Abbé appelle *Mag,* j'ignore où il l'aura pris. Tout le monde ſait, il eſt vrai, que le plus ancien Ordre de Prêtres s'appeloit en Perſe (2) Mògh ou Mûgh, dont on a fait Mage ; mais que les Prêtres Babyloniens portaſſent le nom de *Mag,* c'eſt un de ces traits d'érudition qui n'a plus rien de ſurprenant de la part de M. l'Abbé. Les Perſes, qui ne reconnoiſ-

____

(1) Paralipom. *lib.* 1, *cap.* 18, ✴. 17.

(1) Hyde, de Veterum Perſarum Religione, *pag.* 369.

foient qu'un feul Dieu , créateur de toutes chofes , auroient-ils permis aux Prêtres d'un peuple idolâtre qu'ils avoient vaincu, & qu'ils tenoient dans la fujettion, de prendre le nom que portoient parmi eux les Miniftres de Dieu.

Il falloit dire que les Prêtres Babyloniens s'appeloient Chaldéens. M. l'Abbé a tant lu qu'on a lieu d'être furpris , qu'il n'ait point rencontré un paffage de Diodore de Sicile qui le dit expreffément. Le voici : (1) »Les Egyp- » tiens difent donc qu'après cela , il fortit de » l'Egypte un grand nombre de Colonies qui » fe difperfèrent fur toute la terre ; que Bélus , » qu'on croit fils de Neptune & de Lybia , en » conduifit une à Babylone, qu'il fonda fur les » bords de l'Euphrate. Il y établit des Prêtres » qu'il exempta, de même que ceux d'Egypte, » des charges publiques , & de toute forte d'im- » pofitions. *Les Babyloniens les appellent Chal-* » *déens.*

On peut joindre au témoignage de Diodore de Sicile celui d'Hérodote (2). » Il ne couche » ici (3), dit-il, qu'une femme du pays , dont

---

(1) Diodor. Sic. *lib. I*, §. 28.
(2) Herodot. *lib. I,* 181.
(3) Le Temple de Jupiter Bélus à Babylone.

» le Dieu fait choix, *à ce que disent les Chaldéens,*
qui font les Prêtres de ce Dieu. Ὡς λέγουσι οἱ
Χαλδαῖοι ἐόντες ἱρέες τούτυ τῦ θεῦ.

Philof. de l'Hiftoire, p. 126. (138.) » La Circoncifion vient-elle des Egyptiens,
» des Arabes ou des Ethiopiens ? je n'en fais
» rien.

P. 128. (140.) » Les Juifs avoient pris la Circoncifion des
» Egyptiens, avec une partie de leurs céré-
» monies.

Réponse. Je fais que M. l'Abbé Bazin n'eft pas le premier
qui ait été de ce fentiment. On trouve parmi les
anciens, Hérodote (1) au rapport de Jofeph (2),
& Diodore de Sicile (3); parmi les modernes, le
Chevalier Marsham (4), Mylord Comte de
Shaftesbury (5), le Docteur Conyers Middleton (6), dans fa Lettre au Docteur Waterland,
& beaucoup d'autres que je pourrois citer.

Quelle que foit la manière de penfer là-def-

---

(1) Herod. *lib. II,* §. 104.
(2) Cont. Apionem, *lib. II,* §. 13.
(3) *Lib. III,* §. 28 *pag.* 33.
(4) Chron. Canon. *pag.* 72.
(5) Characterifticks of men, Manners, &c. *vol.* 3ᵈ.
pag. 52, 53.
(6) Conyers Middleton's Mifcellaneous Works, *vol.* 3ᵈ.
pag. 27ᵗʰ. &c.

fus : que les Juifs aient pris cet ufage des Egyptiens, ou les Egyptiens des Juifs, on n'en peut tirer la conclufion que M. l'Abbé pàroît vouloir établir dans fon Ouvrage. Dieu pouvoit fanctifier un ufage profane, en faire un figne de fon alliance, & y attacher fes graces ; de même que dans la nouvelle alliance, il y a fubftitué le Baptême, forte d'ablution en ufage long - temps avant qu'il en eût fait le fceau de la régénération.

Mais examinons un peu fi le fentiment de M. l'Abbé eft auffi fûr qu'il le penfe, & fi l'on ne pourroit pas y oppofer d'autres conjectures pour le moins auffi probables.

Hérodote (1) raconte » que les Egyptiens » & les Ethiopiens avoient de tout temps la » Circoncifion..... Mais il ne peut affurer le- » quel de ces deux peuples a pris cet ufage de » l'autre.

Les Prêtres Egyptiens, qui avoient inftruit Hérodote, n'en favoient peut-être pas davantage, & même en fuppofant qu'ils euffent eu connoiffance de la vérité du fait, ils l'auroient furement fupprimée par vanité.

Hérodote ajoute dans le même Chapitre,

____

(1) Herodot. *lib. II*, 104.

que les Phéniciens & les Syriens de la Paleſtine avouent qu'ils tenoient cette coutume des Egyptiens.

Tout le monde ſait que ces Phéniciens (1) & ces Syriens ſont le même peuple que l'Ecriture appelle Philiſtins. Ils deſcendoient de Meſraïm, fils de Cham. Ils demeurèrent quelque temps dans la partie de la baſſe Egypte qui confine à la Syrie, d'où étant ſortis peut-être un peu avant la naiſſance d'Abraham, ils occupèrent cette partie de la Syrie, à laquelle ils donnèrent le nom de Philiſtæa ou de Paleſtine (2). Or les Philiſtins étoient incirconcis (3). Les Egyptiens n'avoient donc point reçu la Circoncifion avant la naiſſance d'Abraham.

Il eſt vrai que l'Hiſtorien Joſeph prétend qu'Hérodote a eu en vue ſes compatriotes. Mais perſonne n'ignore que, content de fermer la bouche à ſon adverſaire, il étoit d'ailleurs peu délicat ſur le choix de ſes preuves. Il diſputoit contre Apion, qui lui reprochoit la Circoncifion. Il lui répond par Hérodote, que les Egyptiens ſes compatriotes avoient auſſi cet

____

(1) Les Ammonites, les Arabes, qui occupent Azot & les autres Villes maritimes de la Paleſtine, étoient circoncis.
(2) Relandi Palæſtina, *pag.* 77.
(3) Jud. *cap.* 14, *verſ.* 3, & Reg. *lib. I, cap.* 18, *verſ.* 25 & 27.

usage, & sans rien objecter contre ce que cet Historien dit de son origine, il ajoute que les Juifs sont le seul peuple de la Palestine qui le pratiquent.

Si Apion se contentoit d'une pareille réponse, il faut convenir qu'il n'étoit pas fort difficile. Nous venons de voir ce qu'il falloit penser de ces Phéniciens & de ces Syriens.

Mylord Shaftesbury (1) semble insinuer qu'Abraham, qui institua le premier ce rite dans sa famille, le tenoit des Egyptiens. Car, dit-il, si en instituant ce rite sacré, il n'a eu aucun égard à la police & à la religion des Egyptiens : cependant il avoit autrefois demeuré parmi ce peuple, chez qui, au rapport des Historiens, c'étoit un Rite National, long-temps avant que Dieu lui eût ordonné de le pratiquer.

Dans quel Historien Mylord Shaftesbury a-t-il vu que la Circoncision fût en usage en Egypte, avant le séjour qu'y fit Abraham. Tous les Historiens en parlent comme d'une coutume fort ancienne ; mais aucun n'en fixe l'origine.

------

(1) Characteristicks of men, Manners, &c. *Vol.* 3^{d.} pag. 53.

Après avoir réfuté les fentimens de ceux qui m'ont précédé, je vais maintenant propofer celui qui me femble le plus vraifemblable (1).

Il ne paroît point que la connoiffance du vrai Dieu fût encore obfcurcie en Egypte, lorfqu'Abraham y féjourna. Ce Patriarche ayant fait paffer Sara pour fa fœur, le Roi voulut l'époufer. Mais, averti en fonge, il la renvoya à fon mari, de crainte d'attirer la colère du Seigneur fur fa maifon, & fur toute l'Egypte. Ce Prince, prêt à tomber par ignorance dans une faute grave, s'en abftient dès qu'il en a connoiffance, reconnoît la main qui le châtie, s'humilie devant Dieu, & lui obéit fur le champ. Qu'on le compare maintenant avec cet autre Pharaon, que Moïfe alla trouver au nom de Dieu, & qui lui répondit, qu'il ne connoiffoit point ce Dieu, & qu'il ne vouloit point lui obéir. Cela ne prouve-t-il pas que le vrai Dieu étoit connu & adoré du temps du premier de ces deux Rois, & que l'idolâtrie avoit gagné au moins beaucoup de terrein fous l'autre.

---

(1) Ceux qui fe donneront la peine de parcourir les Prolégomènes au *Pantheon Egyptiorum* de feu M. Jablonski, verront bien que j'ai profité des Ouvrages de ce Savant.

Voyons maintenant ce qui arriva à ce Patriarche en Palestine. Abraham avoit voulu faire pareillement passer Sara pour sa sœur. Le Roi de Gerar se la fit amener ; mais le Seigneur le menaça de mort. Punirez-vous donc, Seigneur, s'écria ce Prince, un peuple innocent ? Abraham ne m'a-t-il pas dit que Sara étoit sa sœur ? Mon cœur a été pur, & mes intentions ont été droites. Je connois la droiture de ton cœur, lui répartit le Seigneur, aussi t'ai-je empêché de commettre un si grand crime. Rends donc cette femme à son mari, saches que c'est un Prophète, engage-le à prier pour que tu ne meures pas.

Abimélech envoya chercher Abraham, à qui il rendit Sara, & il lui fit des présens considérables. Les Philistins n'étoient donc alors pas plus idolâtres que les Egyptiens.

Le premier événement avoit fait connoître & respecter Abraham en Egypte. Le second lui fit en Palestine une grande réputation, qui dût bientôt après passer en Egypte ; Gérar, où la scène s'étoit passée, n'en étant pas loin.

Dieu enjoignit quelque temps après à ce Patriarche de circoncire tous les mâles. Abraham obéit au Seigneur, & circoncit son fils Ismaël, qui avoit alors treize ans accomplis.

Il est naturel de penser que les Egyptiens, qui avoient la plus haute idée de ce saint personnage, ne crurent pouvoir mieux faire que d'adopter un usage qu'ils lui voyoient pratiquer. Saint Ambroise vient à l'appui de cette conjecture. Il dit (1) que les Egyptiens circoncisent la quatorzième année. Il y a grande apparence qu'ils ne le font si tard, que parce que ce fut à cet âge que le Patriarche circoncit son fils Ismaël.

Philof. de l'Histoire, p. 131.(144.) » Le déluge d'Ogygès est placé communé- » ment environ douze cents années avant la » première Olympiade. Le premier qui en » parle est Acésilas, cité par Eusébe, dans sa » Préparation Evangélique, & par George le » Syncelle.

RÉPONSE. Eusébe ne cite point Acusilaus (2); il se contente de rapporter un passage de Jules Africain (3) qui cite cet Historien.

2.° Je ne sais sur quelle autorité M. l'Abbé place le déluge d'Ogygès environ douze cents

------

(1) De Abrahamo, *lib. II, cap.* 11.
(2) C'est ainsi qu'il faut écrire, & non Acésilas. Il y a dans le Grec Ἀκυσίλαος.
(3) Præpar. Evangel. *lib. X, cap.* 10, *pag.* 488 & 489.

années avant la prémière Olympiade. Acufilaus, qu'il paroît citer, n'en met que mille vingt. Jules Africain (1) le répète encore quelques lignes plus bas. Comme cette inondation arriva la douzième année de Phoronée, Roi d'Argos, qui répond à la quarante-troifième d'Orthopolis, onzième Roi de Sicyone ; il s'enfuit d'après le Syncelle, qu'elle arriva l'an du monde 3759 : le même George le Syncelle met la première Olympiade l'an 4726. Il n'y a donc, fuivant ce Chronographe, que 967 ans entre le déluge d'Ogygès & la première Olympiade.

Le P. Pétau (2) place ce déluge l'an 2958 de la Période Julienne, & la première Olympiade l'an 3938, ce qui fait un intervalle de 980 ans. Eufébe dans fa Chronique, prétend qu'il eft arrivé deux ans plutôt, ce qui feroit 982 ans ; mais il y a encore bien loin de-là à 1200 ans. Le P. Riccioli (3) fuit le calcul de Jules Africain.

M. l'Abbé ajoute tout de fuite : »La Grèce, »dit-on, refta prefque déferte deux cents an-

Philof. de l'Hiftoire, p. 132.(145.)

---

(1) Præpar. Evangel. *lib.* **X**, *cap.* 10, *pag.* 488 & 489.
(2) Doctrina Temporum, *vol. II*, *pag.* 286 & 297.
(3) Chronologia reformata, *vol. I*, *pag.* 125.

N

» nées après cette irruption de la mer dans le
» pays. Cependant, on prétend que dans le
» même temps il y avoit un gouvernement
» établi à Sicyone & dans Argos.

RÉPONSE. On voit clairement le but de M. l'Abbé. Il veut jeter un ridicule fur ce qu'on voit des gouvernemens établis dans un pays qui eſt reſté, fuivant lui, défert pendant deux cents années. Mais qui lui a fait part de cette anecdote? Jules Africain ne dit point que cette inondation fe foit fait fentir par toute la Grèce, il ne nomme que l'Attique. » Il y eut, dit-il (1), » fous Ogygès une inondation confidérable » dans l'Attique; ce fut la première ». Le reſte de la Grèce n'ayant point été fubmergé, pourquoi Argos & Sicyone auroient-elles ceſſé d'être des Etats gouvernés par des Rois. Le même Jules Africain nous dit au même endroit, d'après Acufilaus, que Phoronée régnoit alors à Argos. Il en fut le fecond Roi. Cet Etat fut fondé par Inachus, qui commença à régner, fuivant le Père Pétau (2) l'année 1857 avant notre Ere, ou 1858, fuivant le Père Ric-

---

(1) Præp. Evangel. *lib.* **X**, *cap.* 10, *pag.* 488.
(2) De Doctrinâ Temporum, *vol.* **II**, *lib.* 13, *pag.* 285.

cioli (1), autre favant Jéfuite. Le Royaume de Sicyone commença 307 ans auparavant, fuivant le P. Pétau, & feulement 233 ans, fuivant le calcul du P. Riccioli. Ægialeus (2) en fut le premier Roi : il régna, fi l'on s'en rapporte au P. Pétau, l'année 2164 avant notre Ere, & fi l'on fuit le P. Riccioli, l'an 2091.

» On cite même les noms des premiers Ma- *Philof. de l'Hiftoire,* p. 132.(145.)
» giftrats de ces petites Provinces, (Argos &
» Sicyone) & on leur donne le nom de *Bafiloi,*
» qui répond à celui de Princes.

Toujours quelque *petit bout d'oreille.* Un RÉPONSE. écolier de fixième auroit pu apprendre à M. l'Abbé, que Bafileus fait au nominatif plurier *Bafileis,* & que Bafilos & par conféquent Bafiloi n'a jamais exifté en Grec.

» Certainement le nom de *Knath,* qui défigne *Philof. de l'Hiftoire,* p. 135.(149.)
» les Phéniciens, felon Sanchoniaton, n'eft pas
» fi harmonieux que celui d'Hellenos ou
» Graios.

1.º Cela peut être vrai. Mais avant que de RÉPONSE. décider là-deffus, il faudroit poff180 der fupé-

---

(1) Riccioli Chronologia Reformata, *vol. I, pag.* 125.
(2) Paufanias, *lib. II, cap.* 5, *pag.* 123.

rieurement la prononciation du langage Phénicien. Quel eſt le François qui, à l'inſpection
de ce mot Anglois *Knight*, ne s'imagineroit
qu'il eſt dur à prononcer, & cependant il s'en
faut de beaucoup qu'il le ſoit.

2.º Les Grecs n'ont jamais dit *Hellenos*, mais
Hellen. *Graios* n'eſt pas Grec. Il faut *Graicos*,
γραικὸς. *Graius* eſt un mot latin, qui ne s'emploie même que par les Poëtes; du moins, les
Auteurs qui ont écrit en proſe s'en ſont ſervis
bien rarement.

Ce n'eſt point tout : Sanchoniaton ne dit
point que *Knath* déſigne les Phéniciens. On trouve ſeulement dans cet Auteur ces paroles (1) :
» Iſiris, l'un d'entr'eux fut l'inventeur des trois
» lettres ; il étoit frère de Chna, qui le premier
» changea ſon nom en celui de Phœnix.

Cela s'accorde parfaitement bien avec ce
que dit Eupolemus (2), que Saturne engendra
Chanaan, le père des Phéniciens. Chna eſt en
effet l'abréviation de Chanaan. Etienne de
Byzance dit, au mot χνὰ : *Chna, la Phénicie étoit
ainſi appelée.* Mais d'où vient à ce Pays le nom
de Phénicie? Quelques Auteurs ont écrit qu'on

---

(1) Euſeb. Præparat. Evang. *lib. I, pag.* 39.
(2) Id. Ibid. *pag.* 419.

le lui avoit donné, parce qu'il étoit planté de palmiers ; d'autres, parce que les Phéniciens avoient habité les bords de la mer rouge. Cette mer ne tire pas cependant son nom de cette couleur, mais du Roi Erythras. Quinte-Curce dit : *Mare (1) certè quo alluitur, ne colore quidem abhorret à ceteris. Ab Erythra rege inditum eſt nomen : propter quod ignari rubere aquas credunt.* Et dans un autre endroit : *Cetera (2) incolis crediderant : inter quæ rubrum mare non à colore undarum, ut plerique crederent, ſed ab Erythra rege appellari.* M. Bochart (3) prétend avec plus de raiſon que les Grecs ont formé ce nom de *Bene-Anak* les fils d'Anak. Les Grecs avoient coutume d'adoucir le *Beth* des Hébreux. Ainſi de *Bene-Anak* ou par contraction *Beanak*, les Grecs faiſoient d'abord *Pheanak*, & enſuite Phoïnix. Le même Savant ajoute, que les Phéniciens vouloient qu'on les crût fils d'Anak, puiſqu'ils donnèrent à la ville de Carthage, qu'ils avoient bâtie, le nom de Chadreanak (4), c'eſt-à-dire, demeure des Anak ou Anacéens.

---

(1) Q. Curtius, *lib. VIII, 29, pag.* 331.
(2) Idem. *Lib. X, 2, pag.* 388.
(3) Geograph. Sac. *tom. I, col.* 346 *&* 347. *Notæ* que la colonne 346 eſt chiffrée par erreur 345.
(4) Plaut. Pœnulus. *Act. V, Sc. 2, verſ.* 35.

Philof. de
l'Hiſtoire,
p. 138.(152.)

» Il eſt indubitable que Minos fut un Roi
» Légiſlateur Les fameux Marbres de Paros,
» monument le plus précieux de l'antiquité,
» (& que nous devons aux Anglois) fixent ſa
» naiſſance quatorze cents quatre-vingt-deux
» ans avant notre Ere vulgaire.

RÉPONSE.   L'Auteur du Dictionnaire Philoſophique,
dont l'autorité eſt ſans doute d'un grand poids
auprès de M. l'Abbé, dit à l'Art. *Tout eſt bien.*
» Je n'aime point à citer, c'eſt d'ordinaire une
» beſogne épineuſe, on néglige ce qui précède
» & ce qui ſuit l'endroit qu'on cite, & on s'ex-
» poſe à mille querelles.

Je laiſſe au Lecteur à faire l'application de
ce paſſage. M. l'Abbé eſt prudent ; il cite rarement, ou bien c'eſt d'une manière ſi vague,
qu'il vaudroit tout autant qu'il ne le fît point.
Ici il apporte pour garant de ce qu'il avance,
les Marbres d'Oxford. Mais ſans doute qu'il
penſe qu'on l'en croira ſur ſa parole, autrement il n'auroit pas fait voir tant de négli-
gences.

1.° Le Marbre ne parle point de la naiſſance
de Minos ; il eſt en partie effacé en cet endroit ; mais les deux lettres qui reſtent ont
donné occaſion aux ſavans Editeurs de ces

Marbres de lire ἐβασίλευσε, ce qui désigne le commencement du regne de ce Prince.

2.° La date est entièrement effacée. Les Editeurs l'ont suppléée, & on lit à présent 1168, ce qui reviendroit à l'an 1432 avant notre Ere (1). D'où je conclus, 1.° que M. l'Abbé a tort d'attribuer aux Marbres une date qu'on ne doit qu'aux conjectures des Editeurs. 2° Qu'il n'a pas même su évaluer ces années, puisqu'au lieu de 1482, il auroit trouvé 1432.

Il est cependant très-aisé de faire cette évaluation. L'Auteur de la Chronique de Paros date tous les événemens qu'il rapporte de l'Archontat d'Astyanax à Paros, & de Diognète à Athènes, comme on peut le voir au commencement avant la première époque. Or Diognète fut Archonte la première année de la 129e Olympiade, c'est-à-dire, 264 ans avant l'Ere Chrétienne. On n'a donc qu'à ajouter 264 à la date énoncée, & l'on aura l'année, avant notre Ere, où l'événement sera arrivé.

J'étois fort en peine pour découvrir la source de l'erreur de l'Abbé; mais venant par hazard à jeter les yeux sur l'édition des Marbres,

---

(1) Eusébe & le P. Pétau placent le commencement du Règne de Minos à l'an 1409 avant notre Ere.

donnée par Maittaire , je reconnus que M.
l'Abbé avoit pillé Lydiat fans en rien dire. Ce
Savant affigne l'an 1484 (1) au commencement
du règne de Minos. Cette différence vient de
deux caufes ; la première, de ce que Lydiat
fait répondre la 129ᵉ Olympiade à l'an 292
avant notre Ere ; la feconde , de ce que la
date étant effacée , il l'a rétablie d'après fes
conjectures. Mais ce n'eft point ici le lieu d'examiner fi Lydiat a raifon.

Philof. de   » Homère l'appelle (Minos) dans l'Odyffée
l'Hiftoire ,   » le fage confident de Dieu.
p. 139. (152.)

RÉPONSE.   Homère s'exprime différemment. » L'île
» de (2) Crète où régnoit Minos, qui tous les
» neuf ans converfoit avec Jupiter.

Philof. de   » Flavien Jofeph ne balance pas à dire qu'il
l'Hift. même   » (Minos) reçut fes loix d'un Dieu. Cela eft
page, tout de » un peu étrange dans un Juif, qui ne fem-
fuite.   » bloit pas devoir admettre d'autre Dieu que le
                 » fien , à moins qu'il ne penfât comme les Ro-
                 » mains, fes maîtres, & chaque premier peuple

---

(1) Il y a dans la Philofophie de l'Hiftoire 1482 ; mais
je ne doute point que ce ne foit une faute d'impreffion.
(2) Hom. Odyff. *lib.* XIX, *verf.* 178.

» de l'antiquité, qui admettoit l'exiftence de
» tous les Dieux des autres nations.

On a reproché avec raifon à Jofeph d'avoir
cherché à fe concilier fes lecteurs aux dépens
de beaucoup de miracles rapportés dans l'E-
criture qu'il affoiblit pour ne point révolter
contre fon Hiftoire. On l'accufe auffi d'avoir
cherché à capter la bienveillance de Vefpafien
par de prétendues prophéties propres à flatter
ce Prince. Mais n'ayant ici perfonne à flatter,
& tous les honnêtes gens étant alors perfuadés,
que Minos, ni aucun autre Légiflateur ancien,
n'avoit reçu fes loix d'un Dieu ; ç'auroit été
vouloir faire paffer de gaieté de cœur Moïfe
pour un impofteur. Or peut-on férieufement
prêter un pareil deffein à un Hiftorien dont
l'ouvrage refpire par-tout le plus profond ref-
.pect pour la mémoire du fage Légiflateur de
fa nation. Mais rapportons le paffage de Jofeph.

» Il n'étoit (1) ni un impofteur, ni un magicien,
» comme le prétendent fes calomniateurs ; mais
» tel que les Grecs fe glorifient qu'a été Minos
» & les Légiflateurs qui l'ont fuivi. Les uns nous
» apprennent que leurs loix *leur avoient été don-*
» *nées par un Dieu;* & Minos difoit tenir les fiennes

---

(1) Contra Apionem, *lib. II,* §. 16, *pag.* 482.

» d'Apollon & de fon Oracle, foit qu'ils cruf-
» fent dire la vérité, ou qu'ils penfaffent perfua-
» der plus facilement.

Jofeph ne dit point, comme on le voit, que
Moïfe a été tel que Minos, mais tel que fe le
repréfentent les Grecs, peuple avantageux.
Il ne met donc point en parallèle Moïfe avec
Minos, & la comparaifon ne tombe que fur
l'opinion que les Grecs & les Juifs avoient de
leurs Légiflateurs.

2.° Ce qui eft en italique ne fe trouve pas dans
le texte ; il y a en cet endroit une lacune que j'ai
fuppléée d'après l'ancienne traduction latine.

3.° Jofeph n'avance point que Minos tenoit
fes loix d'Apollon, mais qu'il difoit les tenir
de ce Dieu. Cette réflexion qu'il ajoute, *foit
qu'ils* (ces Légiflateurs) *cruffent dire la vérité,
ou qu'ils penfaffent perfuader plus facilement,*
achève de détruire les prétentions de M. l'Abbé.

4.° Si M. L'Abbé veut abfolument que la
comparaifon tombe fur ce que Moïfe & Minos
prétendent avoir été tous deux infpirés d'un
Dieu ; je le veux bien. Il n'y gagnera pas davantage. En ce cas, voici le raifonnement de Jofeph.
» (1) Moïfe n'étoit ni un magicien, ni un im-

____

(1) Conyers Middleton's Mifcellaneous Works, *vol.* 3.ᵈ
pag. 104.

» posteur, mais un homme sage & excellent,
» tel que Minos & les autres Législateurs de la
» Grèce. Ils attribuoient leurs loix aux Dieux,
» comme Moïse l'avoit fait avant eux. Mais
» Moïse avoit plus de droit qu'eux de les attri-
» buer à Dieu, parce que ses Loix sont de
» beaucoup meilleures que les leurs ». J'ai rapporté ce raisonnement d'après le Docteur
Conyers Middleton, dont M. l'Abbé fait l'é-
loge en plus d'un endroit de la Philosophie de
l'Histoire.

» De la substance indivisible & de la divisi- *Philos. de*
» ble ; Dieu composa une troisième espèce de *l'Histoire,*
» substance au milieu des deux, tenant de la p. 143. (157.)
» nature du même & de l'autre ; puis prenant
» ces trois natures ensemble, il les mêla toutes
» en une seule forme, & força la nature de
» l'ame à se mêler avec la nature *du même* ; &
» les ayant mêlées avec la substance, & de ces
» trois ayant fait un suppôt, il le divisa en por-
» tions convenables ; chacune de ces portions
» étoit mêlée *du même* & de l'autre ; & de la
» substance il fit sa division.

Si Platon s'est exprimé de la sorte, je sous- Réponse.
cris volontiers à toutes les injures que lui pro-

digue à cette occasion M. l'Abbé. Mais on sait qu'il n'a lu, & même qu'il n'a pu lire cet Auteur que dans la traduction latine. Je ne suis pas surpris qu'il ne l'entende point ; mais je le suis infiniment du ton dogmatique qu'il prend à l'égard d'un Ecrivain qu'il n'est pas à portée d'entendre. Combien y a-t-il de passages de Locke, à l'école (1) de qui M. l'Abbé voudroit qu'on renvoyât Platon, qui sont inintelligibles dans la traduction de M. Coste, quoiqu'elle ait été faite sous les yeux de ce profond Métaphysicien.

Je n'entreprendrai point de donner une explication de ce passage (2) de Platon. Il faudroit pour cela développer les principes de ce Philosophe sur la formation de l'univers, & donner un extrait raisonné du Timée accompagné de notes, pour en faciliter l'intelligence à ceux qui ne sont pas assez au fait du langage des anciens Philosophes. Cela m'écarteroit un peu trop du but que je me suis proposé dans ce petit Ouvrage. Je me contenterai de faire remarquer que Platon partage la Nature en deux substances, l'Esprit & la Matière. L'Esprit est,

------

(1) Philosophie de l'Histoire, *pag.* 144.
(2) Platonis Opera, *tom. II, pag.* 35.

suivant lui, éternel, infini, indivisible, immuable ; & c'est à cause de cela qu'il l'appelle le *même*. Il passe ensuite à la Matière, à la seconde substance, qu'il appelle par cette raison l'autre substance. Quelquefois aussi, il lui donne le nom de nécessité, parce qu'elle suit nécessairement la détermination de l'Esprit qui la gouverne.

Il ne sera peut-être point inutile de joindre ici l'explication que donne Julius-Pollux (1) de ces mots Ταυτὸν & Θάτερον.

» Sur les choses que Platon appelle LE MÊME
» Ταυτὸν & L'AUTRE Θάτερον, vous pourriez dire
» que le Même est durable, ferme, stable, im-
» muable, constant, inébranlable, n'est point
» engendré, n'a point de parties, ne peut être
» vu, ne peut être touché, est immortel, ne
» peut être dissous, ne peut être saisi, est incor-
» ruptible, éternel, impérissable, n'a point de
» figure, n'a besoin de rien, ne manque de
» rien, est incorporel, invisible, n'a point de
» couleurs, est toujours en mouvement, se
» meut par soi-même, est perpétuel, se suffit,
» ne peut être troublé, est fixe & permanent,

______

(1) Julii Pollucis Onomasticon, *lib. V, cap.* 51, *pag.* 161.

» divin, n'a qu'une forme, & autres chofes fem-
» blables.

　　» L'AUTRE Θάτερον eft foible, mobile, mis
» en mouvement, inconftant, léger, facile à
» changer, a été engendré, eft compofé, raf-
» femblé, plein de troubles, muable, furpaffé,
» porté, erre de côté & d'autre, eft refait,
» figuré d'une autre manière, tangible, vifible,
» corruptible, mêlangé, mortel, a beaucoup
» de parties, prend fin, eft périffable, a beau-
» coup de formes, manque de beaucoup de
» chofes, eft corporel, vifible, aimable, fen-
» fible, varié par fes couleurs, a des befoins,
» ne fe fuffit pas, eft plein de troubles, de tu-
» multe, eft éphémère.

　　Il eft aifé de fe convaincre, d'après cet expofé, que s'il y a du galimathias dans ce paffage de Platon, on en a l'obligation à M. l'Abbé,
& qu'il faut le mettre tout entier fur fon
compte.

Philof. de l'Hiftoire, p. 144. (158.)　　» Ce qui leur fait beaucoup d'honneur,
» (aux Grecs) c'eft qu'aucun de leurs gouver-
» nemens ne gêna les penfées des hommes. Il
» n'y a que Socrate dont il foit avéré que fes
» opinions lui coutèrent la vie; & il fut encore
» moins la victime de fes opinions que celle d'un

» parti violent élevé contre lui. Les Athéniens,
» à la vérité, lui firent boire de la cigüe ; mais
» on sait combien ils s'en repentirent ; on sait
» qu'ils punirent ses accusateurs, & qu'ils éle-
» vèrent un temple à celui qu'ils avoient con-
» damné. Athènes laissa une entière liberté,
» non-seulement à la Philosophie, mais à toutes
» les Religions. Elle recevoit tous les Dieux
» étrangers, elle avoit même un autel dédié
» aux dieux inconnus.

Les Grecs toléroient tous les cultes qui ne RÉPONSE
s'opposoient point à la religion de l'Etat, &
dont les Sectateurs n'en pratiquoient pas moins
cette religion. Ainsi ce n'est point une tolérance
dans le sens que nous lui donnons maintenant.
Mais si l'on venoit à toucher au fond, à l'essence
même de la Religion, les Athéniens alors
n'étoient pas plus tolérans qu'on l'est dans la
plupart des pays chrétiens.

Socrate en est un exemple. Il est vrai qu'il
s'étoit fait des ennemis des Sophistes, des Orateurs, & des Poëtes, & qu'il fut la victime de
leur fureur. Mais quelque acharnés qu'ils fussent
contre lui, ils n'auroient jamais pu le perdre,
s'ils ne l'avoient point accusé d'introduire des
Divinités nouvelles.

L'accusation intentée contre ce Philosophe, avoit au rapport de Platon, deux chefs : ʺSocrate (1) agit contre les Loix, en corrom- ʺpant la jeuneſſe : en ne reconnoiſſant point ʺles Dieux qu'adore la République, & en in- ʺtroduiſant de nouvelles Divinités. Σωκράτη φησὶν ἀδικεῖν, τούς τε νέυς διαφθείροντα, καὶ θεὲς ὓς ἡ πόλις νομίζει, οὐ νομίζοντα, ἕτερα δὲ δαιμόνια καινά. Xénophon dit de même au commencement du premier Livre des Choſes Mémorables de Socrate : ʺSocrate agit contre les Loix : en ʺne croyant point aux Dieux que l'Etat recon- ʺnoît, en introduiſant de nouvelles Divinités : ʺ& en corrompant la jeuneſſe. Ἀδικεῖ Σωκράτης, οὓς μὲν ἡ πόλις νομίζει θεὲς, οὐ νομίζων, ἕτερα δὲ καινὰ δαιμόνια εἰσφέρων· ἀδικεῖ δὲ καὶ τοὺς νέυς διαφθείρων.

Il n'eſt ici queſtion que du premier chef d'accuſation, de celui qui regarde le culte des Dieux. Ceux qui ſouhaitent s'éclaircir du ſecond n'ont qu'à lire les apologies de Socrate par Platon, & par Xénophon, le ſecond chapitre du premier livre des Choſes Mémorables, & la (2) Diſſertation de feu M. Jean Math. Geſner,

---

(1) Platon. Opera, *vol. I*, *pag.* 24.
(2) Elle ſe trouve dans les Mémoires de l'Académie de Gottingue, *vol. II*, *pag.* 1.

qui

qui a pour titre : *Socrates Sanctus Paderasta.*
On peut y joindre, si l'on veut, les remarques
qui sont à la suite de (1) l'Histoire des Amours
de Chereas & de Callirrhoë, *vol. 2. p.* 149 *&* 150.

C'étoit donc un crime capital à Athènes de
ne point reconnoître les Dieux du pays ; comme
il est aisé de le voir dans les écrits ci-dessus
cités de Platon & de Xénophon, & dans l'Historien Joseph (2). Si ce n'en eût point été un,
les ennemis de Socrate, qui vouloient absolument le perdre, se seroient bien donné de
garde d'employer contre lui un moyen qu'ils
auroient su ne devoir faire aucun effet.

» Hermippus (3), Auteur comique, accusa
» Aspasie d'impiété........ Diopithes ordonna
» aussi par un décret, qu'on eût à dénoncer
» ceux qui ne croyoient pas qu'il y eût des
» Dieux........ Aspasie dût son salut aux prières
» de Périclès, & aux larmes qu'il répandit en
» abondance en plaidant sa cause.

» Peu s'en fallut, dit Joseph (4), qu'Anaxa
» goras de Clazomenes ne fût condamné à

---

(1) *Paris,* Ganeau, 1763, *in-12,* 2 *vol.*
(2) Contra Apionem, *lib. II,* §. 37.
(3) Plutarch. *tom. I, pag.* 169.
(4) Contra Apion. *lib. II,* §. 37.

O

» mort, pour avoir foutenu que le Soleil étoit
» une maffe de fer ardente. On mit à prix la
» tête de Diagoras de Melos, pour avoir fait
» des railleries des Myftères. Si Protagoras ne
» s'étoit fauvé, on l'auroit fait mourir, parce
» que dans fes écrits, il avoit montré des fen-
» timens contraires aux opinions reçues fur les
» Dieux. Ce même peuple d'Athènes, fit mou-
» rir une Prêtreffe, pour avoir enfeigné un
» Culte étranger, & il y avoit peine de mort
» contre quiconque introduiroit des Dieux
» étrangers.

» Mais, dit M. l'Abbé, les Athéniens avoient
» un autel dédié aux Dieux inconnus ». Examinons ce que c'eft que ces Dieux inconnus,
& à quel propos on leur éleva des autels ; on
en fentira mieux la foibleffe de l'objection.

On voyoit à Athènes & dans les bourgades
des environs, des autels, avec cette infcription, au Dieu Inconnu. Il en eft fait mention
dans les Actes des Apôtres, *chap.* 17. ℣. 23,
& de là S. Paul prend occafion d'annoncer aux
Athéniens, ce Dieu qu'ils adoroient fans le
connoître. Il eft vrai que quelques Auteurs
ont penfé avec l'Abbé Bazin, que l'Infcription
de cet Autel étoit au plurier. Le Clerc entr'autres dit dans fes Commentaires : *Quamvis plurali*

numero legeretur inscriptio Ἀγνώςοις Θεοῖς, *rectè de Deo ignoto locutus est Paulus, quia plurali numero continetur singularis.* Cette manière de disculper saint Paul me paroît un peu singulière ; mais il ne s'agit pas de cela. Il faut prouver que cette Inscription n'étoit point au plurier. Théodore de Beze rapporte sur cet endroit des Actes des Apôtres, que Pausanias fait mention de cette Inscription dans ses Attiques, mais qu'il la met au plurier. Ce savant Ministre se trompe. Il n'en est point fait mention dans les Attiques, mais dans les Eliaques, *Chap.* 14. *p.* 412. Pausanias raconte qu'il y avoit un autel de Dieux inconnus Ἀγνώςων Θεῶν près de celui de Jupiter Olympien ; mais cet autel n'a rien de commun avec ceux qu'on voyoit dans l'Attique, & j'ignore à quelle occasion il a été élevé.

Saint Paul, & plusieurs Pères de l'Eglise Grecque, rapportent cette Inscription au singulier. L'Auteur du Dialogue intitulé *Philo-patris*, ennemi déclaré des Chrétiens, ne la cite pas autrement. Après avoir trouvé, dit-il, le Dieu inconnu qui est à Athènes (1); τὸν ἐν Ἀθήναις Ἄγνωςον ἐφευρόντες. Isidore de Péluse (2)

---

(1) *Luciani opera, vol.* 3, *pag.* 617. *Philopat.* S. 29.
(2) *Lib. IV, Epist.* 69.

raconte, que dans une maladie contagieuse qui faisoit beaucoup de ravages à Athènes , les Athéniens ayant eu vainement recours aux Dieux qu'ils avoient coutume d'adorer ; il leur vint dans la pensée que ce fléau leur étoit envoyé par quelque Dieu à qui ils ne rendoient aucun honneur , faute de le connoître. Ils bâtirent un temple en son honneur , lui élevèrent un autel avec cette inscription, au Dieu Inconnu , & lui ayant immolé des victimes , le fléau cessa.

Cela s'accorde jusqu'à un certain point avec ce qu'on lit dans Diogène Laërce. » Epiménide, » dit-il, venant (1) à être connu des Grecs, en » fut regardé comme l'ami des Dieux. Aussi la » Pythie ayant répondu aux Athéniens affligés » de la peste, de purifier leur ville, ils envoyè- » rent en Crète un vaisseau avec Nicias, fils de » Nicératus, pour engager Epiménide à les venir » trouver. Etant arrivé la (2) quarante-sixième

---

(1) Diogen. Laert. Epimen. §. 3 , *vol. 1, pag.* 117, &c.

(2) Il y a sur cette époque beaucoup de variétés dans les Exemplaires de Diogène Laërce , & dans les différens Auteurs qui ont parlé du même fait. Mais comme cela est absolument étranger à mon sujet, on peut avoir recours aux Fastes Attiques du P. Corsini, *vol.* 3, *pag.* 72, où l'on trouvera le temps de l'arrivée d'Epiménide à Athènes parfaitement bien discuté. Seulement à la *page* 75, *ligne* 3,

» Olympiade, il purifia la ville, & fit cesser ce
» fléau. Il s'y prit de cette manière. Ayant mené
» avec lui, au haut de la colline de Mars (l'A-
» réopage) des brebis, les unes blanches, les
» autres noires ; il les laissa aller de cet endroit
» où elles voudroient, ordonnant à ceux qui les
» suivoient de les immoler, chacune à l'endroit
» où elle se coucheroit, au Dieu à qui elle ap-
» partiendroit. Ce fléau cessa de cette manière.
» De-là vient qu'on trouve encore à présent (1)
» dans les Bourgades de l'Attique , des autels
» anonymes élevés, pour conserver la mémoire
» de cette expiation.

Les Athéniens regarderent (2) ce fléau

---

je soupçonne qu'il y a deux fautes d'impression, & qu'au lieu de τρίτη καὶ ἱβδομηκοςῇ septuagesimâ tertiâ , il faut lire ἱβδομηκοςῇ septuagesimâ. Ce que le même Auteur a dit sur la seconde année de la soixante & dixième Olympiade, *pag.* 135 , achève de me le persuader.

(1) On ne sait en quel temps a vécu Diogène Laërce. On peut seulement assurer qu'il étoit , ou postérieur à l'Empereur Commode, ou du moins son contemporain : car il parle de Sextus Empiricus qui vivoit sous ce Prince.

(2) Thucyd. *lib. I,* §. 126. Le Scholiaste rapporte ,
» que quelques Critiques , étonnés de la clarté de
» l'Histoire de Cylou, disoient : le Lion a ri en cet endroit,
» voulant parler de Thucydide. Si le savant Editeur de
Thucydide , M. Duker , eût fait attention à ces dernières paroles , il n'auroit point métamorphosé ce Lion en Leon d'Alabanda , comme on peut le voir dans ses Notes sur cet

comme une punition du meurtre des partifans de Cylon qu'ils maffacrèrent, après les avoir arrachés des autels où ils s'étoient réfugiés.

Faifons maintenant quelques réflexions fur le récit de Diogène Laerce. Epiménide conduit fur la colline de Mars des brebis, les unes noires, les autres blanches. Il ordonne que par tout où chacune fe repofera, on ait à l'immoler au Dieu à qui elle appartient, θύειν τῷ προσήκοντι θεῷ. Le Traducteur latin a rendu cela par *Mactarent loci ejus proximo Deo*. Ce n'eft point affurément le fens de ce paffage, qui n'eft fufceptible à mon avis que de celui que je lui donne. Il y avoit des Dieux à qui l'on offroit des victimes (1) noires, & d'autres à qui on en facrifioit de blanches. Epiménide ignoroit quel Dieu avoit envoyé la pefte aux Athéniens, mais en prenant la précaution d'immoler des victimes de couleur différente, il efpéroit fe rendre favorable la divinité offenfée quelle qu'elle fût.

---

endroit, *pag.* 618. Ces Critiques, dont parle le Scholiafte, avoient donné à Thucydide le nom de Lion, à caufe de fon ftyle; mais lui voyant dans ce récit prendre, contre fon ordinaire, un ftyle doux, agréable, aifé, ils difoient que le Lion avoit ri.

(1) Potteri Archæol. Græca, *lib. II*, cap. 4, col. 228.

Ces brebis, qu'Epiménide avoit menées avec lui fur la Colline de Mars, abandonnées à elles-mêmes, durent fe repofer en des lieux différens. La ville ayant été délivrée de la pefte, on éleva des autels dans les endroits où on les avoit immolées. Cela fert à rendre raifon de ce que Diogène Laerce & d'autres Auteurs ont dit qu'on voyoit à Athènes des autels anonymes.

L'infcription de ces autels devoit être au fingulier, puifque chaque brebis devoit être facrifiée au Dieu à qui elle appartenoit.

Il s'enfuit de-là, que ce Dieu inconnu n'étoit point un Dieu étranger, dont la République craignît de s'attirer la colère, fi elle ne lui adreffoit point fes vœux; mais un des Dieux reconnus & adorés par l'Etat, quoiqu'elle ignorât lequel de ces Dieux lui avoit envoyé cette maladie contagieufe. C'eft cette ignorance & la crainte de ne fe point adreffer au véritable auteur de ce fléau, qui avoient engagé le peuple d'Athènes à élever des autels avec une Infcription auffi générale. Cette Infcription ne prouve donc point qu'Athènes recevoit indiftinctement tous les Dieux étrangers, comme l'avance fi légèrement M. l'Abbé.

J'ai prétendu seulement faire voir que l'Abbé se trompoit, en nous donnant les Grecs & les Athéniens pour des modèles en fait de tolérance, & qu'ils étoient bien éloignés d'admettre tous les Dieux étrangers. Mais je serois très-fâché que l'on me crût pour cela favorable à l'intolérance, & que j'ai dessein de l'établir. Ces maximes détestables, qui tendent à armer les citoyens les uns contre les autres, sont bien opposées à cet Evangile de paix que nous est venu annoncer Jésus-Christ; elles anéantissent cette charité universelle, qui est la base de la Religion & le lien de la société. Lorsque Jean & Jacques dirent à Jésus (1), » Voulez-vous, Seigneur, qu'à l'imitation d'Elie, » nous disions au feu de descendre du ciel, & » de consumer ces Samaritains qui n'ont pas » voulu vous recevoir? Jésus se retournant, » les réprimanda & leur dit: vous ne savez pas » de quel esprit vous êtes; car le Fils de l'Homme » n'est point venu pour détruire la vie des » hommes, mais pour les sauver.

Mais en admettant la tolérance, à Dieu ne plaise que sous ce prétexte je veuille ouvrir la porte à toutes sortes de désordres. Elle doit

---

(1) Luc, *cap.* 9, ⅄. 54, 55 & 56.

avoir fes bornes, & il y a des opinions qu'on ne doit point fouffrir dans un Etat bien réglé. Il ne me conviendroit pas de vouloir fixer fes limites, & même ie ne crois guères poffible de marquer dans tous les cas avec précifion le point que ne doit point paffer la Puiffance Légiflative. On peut confulter l'excellente Lettre de M. Locke fur la Tolérance, & les Traités de l'Evêque Ellys fur la Liberté Spirituelle. On pourroit auffi y joindre le Traité fur la Tolérance qui parut en 1764, à l'occafion de l'infortuné Calas, fi l'Auteur n'avoit point eu le fecret d'en faire un ouvrage pernicieux.

» Hérodote, en rapportant les anciennes » opinions, dit que Bacchus étoit un Egyptien, » élevé dans l'Arabie heureufe.

Philof. de l'Hiftoire, p. 151.(166.)

Hérodote ne dit pas que Bacchus ait été élevé dans l'Arabie heureufe; il fe contente de rapporter le fentiment des Grecs (1), qui prétendent que dès que ce Dieu fut né, Jupiter le tranfporta à Nyfe en Ethiopie au-deffus de l'Egypte. Les Hiftoriens & les Poëtes conviennent affez du nom de la ville, où fut élevé le jeune Bacchus; mais ils ne font point d'accord les uns avec les autres, ni quelquefois avec eux-mêmes,

Reponse.

______

(1) Hérodote, *lib. II*, §. 146.

*

fur la pofition de cette ville. Nous venons de voir Hérodote la placer en Ethiopie. Diodore de Sicile (1) la met avec M. l'Abbé dans l'Arabie heureufe ; mais bientôt après (2), oubliant ce qu'il vient de dire , il en fait une ville Egyptienne : au Livre troifième (3) , il la relègue en Lybie , dans une île efcarpée que forme le fleuve Triton ; & au Livre quatrième, §. 2 , *pag.* 248 , il prétend qu'elle étoit fituée entre l'Egypte & la Phénicie ; mais il paroît qu'en cet endroit il rapporte moins fon fentiment que celui des Grecs. Un fragment (4) attribué à Homère, la place loin de la Phénicie , & près du fleuve Egyptus , qui eft le même que le Nil.

Un homme , dont l'imagination auroit été moins poëtique , auroit é é bien embarraffé dans une auffi grande diverfité d'opinions , & fe feroit furtout donné de garde de mettre fur le compte d'un Auteur le contraire de ce qu'il avance. Mais

Poëtis

Quidlibet audendi femper fuit æqua poteftas.

Hor. *Ars Poët. Verf.* 9.

» Les vers Orphiques difent qu'il (Bacchus)

---

(1) Diodor. Sicul. *lib. I ,* §. 15 , *pag.* 19.
(2) Id. ibid. §. 19 , *pag.* 23.
(3) Id. *lib. III ,* §. 67 , *pag.* 237. Diodore de Sicile rapporte le fentiment de Thimoetes , contemporain d'Orphée.
(4) Inter Fragmenta Homer. *vol. II , pag.* 327.

» fut ſauvé des eaux dans un petit coffre ; qu'on
» l'appela Miſem , en mémoire de cette aven-
» ture ; qu'il fut inſtruit des ſecrets des Dieux ;
» qu'il avoit une verge , qu'il changeoit en ſer-
» pent quand il vouloit ; qu'il paſſa la mer rouge
» à pied ſec , comme Hercule paſſa depuis dans
» ſon gobelet le détroit de Calpé & d'Abila ;
» que quand il alla dans les Indes , lui & ſon
» armée, jouiſſoient de la clarté du Soleil pen-
» dant la nuit ; qu'il toucha de ſa baguette en-
» chantereſſe les eaux du fleuve Oronte & de
» l'Hidaſpe , & que ces eaux s'écoulèrent pour
» lui laiſſer un paſſage libre. Il eſt dit même
» qu'il arrêta le cours du Soleil & de la Lune.
» Il écrivit ſes Loix ſur deux tables de pierre. Il
» étoit anciennement repréſenté avec des cor-
» nes ou des rayons qui partoient de ſa tête.

On eſt bien ſurpris, en liſant Orphée, de ne   Réponſe.
point rencontrer ce paſſage, que cite avec tant
de confiance M. l'Abbé, ni rien même qui en
approche. On trouve ſeulement dans l'Hymne
41, vers 3 , le nom de Miſes (& non de Miſem)
donné à Bacchus, comme ſon nom de femme.
Car, ſuivant Orphée, Bacchus avoit les deux
ſexes. Mais où donc M. l'Abbé a-t-il puiſé ce
trait d'érudition? c'eſt avec lui peine perdue,

que de remonter aux fources, & de confulter les originaux ; il ne les a jamais vus ; & après les preuves que j'ai données de fon favoir, l'on ne peut plus douter, qu'il eft, fi j'ofe me fervir de cette expreffion, le plus grand regratier de l'érudition des autres, qu'il y ait eu dans le monde. Il m'a donc fallu confulter les Ouvrages de quelques favans modernes. En lifant la Démonftration Evangélique de M. Huet, je fus bien furpris de voir que M. l'Abbé en avoit traduit (1) prefque de mot à mot, à quelques embelliffemens près, le paffage en queftion. Mais malheureufement pour M. l'Abbé, le favant Evêque d'Avranche n'apporte aucune preuve de ce qu'il avance, & fe contente de renvoyer à ceux qui ont traité avant lui le même fujet. Seulement, vers le milieu de la page 79, parmi les rapports qu'il trouve entre Moïfe & Bacchus, il fait remarquer celui qu'on voit dans le nom de l'un & de l'autre. *Huic Mofi, inquit, nomen, illi Mifi, ut eft in Orphicis.* Il cite enfuite à la marge, *Orphic. Hymn. in Mifem.*

Voilà la caufe de la méprife de M. l'Abbé.

---

(1) Demonft. Evangel. *pag. 79, col. 2.*

Avec un peu plus d'attention, il auroit vu, 1.º qu'Orphée n'étoit cité en cet endroit, que pour prouver que Bacchus avoit nom *Mifes*, nom fort approchant de celui de *Mofes*. 2.º Que *Mifem* étoit un accufatif dont le nominatif étoit *Mifes*.

Bacchus n'eft point appelé Mifes *; en mémoire de ce qu'il fut fauvé des eaux dans un petit coffre.* On n'en fait pas au jufte la raifon. A l'égard du nom de Moïfe , il fignifie, fi l'on en croit Clément d'Alexandrie (1), fauvé des eaux. Car Μῶϋ, en langage Egyptien, fignifie l'eau. On peut auffi confulter Philon , & Jofeph contre Apion, que cite en note l'Archevêque de Cantorbery , Editeur de Clément. Il paroît, fuivant l'Ecriture , que Moïfe a eu ce nom , parce qu'il avoit été tiré du milieu des eaux. *Exod. Cap.* 2. ℣. 10. Voyez auffi Bochart (2).

A l'égard de l'opinion de M. Huet, je n'entreprendrai point de la réfuter. Cela me meneroit trop loin , & M. l'Abbé Bazin pourroit trouver mauvais, fi j'allois quitter fa compagnie , fans lui donner encore quelques marques du refpect & de la vénération que j'ai pour fon profond favoir.

____

(1) Stromat. *lib. I*, *pag.* 412.
(1) In Phaleg. *col.* 59.

Philof. de l'Hiſtoire, p. 153. (169.)

» Moïſe, ſelon ce ſavant homme (1), eſt le
» même que Zoroaſtre. Il eſt Eſculape, Am-
» phion, Apollon, Faunus, Janus, Perſée,
» Romulus, Vertumne, & enfin Adonis &
» Priape.

Réponse.

On voit que M. l'Abbé a parcouru l'index
de la Démonſtration Evangélique. C'eſt beaucoup, & il faut lui en ſavoir gré. Il y a tant
d'Ecrivains qui parlent d'un Ouvrage, dont ils
ne connoiſſent que le titre ! mais auſſi on s'ex-
poſe à faire dire à un Auteur ce qu'il n'a point
dit. Par exemple, M. Huet ne dit point que
Moïſe ſoit Romulus (2), mais qu'il y a entr'eux
un rapport étonnant, & que l'on attribue à ce
dernier bien des traits, qui ne conviennent
qu'au Légiſlateur des Juifs.

M. l'Abbé continue : » la preuve qu'il étoit
» Adonis, c'eſt que Virgile a dit :

» *Et formoſus oves ad flumina pavit Adonis.*

» Or Moïſe garda les moutons vers les déſerts
» de l'Arabie.

Les rapports que le ſavant Huet a cru remar-

---

(1) M. Huet, Evêque d'Avranche.
(2) Demonſt. Evang. Propoſ. IV, *cap. 9, §. 8, pag. 139.*

quer entre Moïse & les Divinités du Paganisme n'ont pas fait fortune ; ils ne sont pas cependant aussi ridicules que voudroit nous le persuader M. l'Abbé. L'Evêque d'Avranche s'appuie, il est vrai, sur de vaines ressemblances. Cependant s'il ne s'en trouvoit point d'autres entre Moïse & Adonis, que d'avoir gardés tous les deux les moutons, on riroit avec raison à ses dépens, mais il y en a beaucoup d'autres, (ils occupent plus d'une colonne in-folio). Quoique je ne les trouve pas assez frappantes pour me ranger de son sentiment. J'invite le lecteur à les voir dans la Démonstration Evangélique, *page* 70 *&* 71.

» Le Temple d'Hercule à Tyr ne paroît pas » être de plus anciens.

Philos. de l'Histoire, p.185.(205.)

Il étoit aussi ancien que la ville même de Tyr. » Les Prêtres d'Hercule me racontèrent, » dit Hérodote, que le Temple de ce Dieu avoit » été construit en même temps que Tyr». Ἔφασαν (1) γὰρ ἅμα Τύρῳ οἰκιζομένῃ καὶ τὸ ἱερὸν τοῦ θεῦ ἱδρυθῆναι.

RÉPONSE

» Hercule ne fut jamais chez aucun peuple » qu'une Divinité secondaire.

Philos. de l'Histoire, ibid.

---

(1) Herodot. *lib. II*, §. 44.

RÉPONSE.   On ne peut douter qu'il n'y ait eu plusieurs Dieux de ce nom (1). Les uns étoient mis au rang des grands Dieux, les autres parmi les Divinités subalternes. Les Tyriens reconnoissoient Hercule pour leur plus grande Divinité. Ils l'avoient pris des Egyptiens. Du moins est-il certain, qu'on donnoit souvent à l'Hercule de Tyr le nom d'Egyptien. Philostrate dit : « Ce » n'est point l'Hercule Thébain, mais l'Egyp- » tien, qui est venu à Gades (Cadis), & qui y » a placé les bornes de la terre ». Ὅθεν (2) δηλοῦται, μὴ τὸν Θηβαῖον Ἡρακλέα, τὸν δὲ Αἰγύπτιον ἐπὶ τὰ Γάδειρα ἐλθεῖν, καὶ ὅρον γενέσθαι τῆς γῆς. Il l'appelle de même, *Lib. V , Cap. IV & V , pag.* 190 *&* 191. On trouve aussi dans Pompo-nius-Mela , que les Tyriens bâtirent à Gades un Temple à l'Hercule Egyptien. *Gades* (3) *fretum attingit....... quâ Oceanum spectat , duobus promontoriis evecta in altum , medium littus abducit , & fert in altero cornu ejusdem nominis urbem opulentam , in altero* Templum Ægyptii Herculis, *conditoribus , religione , vetustate , opibus illustre* Tyrii *constituerê.* Cet Hercule

---

(1) Cic. de Nat. Deor. *lib. III,* §. 16.

(2) Philostrat. in vitâ Apoll. Thyan. *lib. II, cap.* 33. pag. 86, ex Edit. *Lipsiensi,* 1709, *in-fol.*

(3) Pompon. Mela, *lib. III, cap.* 6, *pag.* 273 *&* 274.

n'avoit

n'avoit rien de commun avec le fils de Jupiter
& d'Alcmène, comme le dit Philostrate à l'endroit que je viens de citer. L'Hercule Thébain
n'étoit qu'un Héros, une Divinité secondaire.
Il étoit très-moderne, & le dernier de ceux à
qui l'on a donné ce nom. *Nec* (1) *æstimes Alc-*
menâ apud Thebas Bœotias natum, solum vel
primum Herculem nuncupatum. Immò post multos
atque postremus ille hac appellatione dignatus est
honoratusque hoc nomine; quia nimiâ fortitudine
meruit nomen dei virtutem regentis. Il étoit postérieur de cinq (2) générations au Temple que
les Phéniciens érigèrent à l'honneur de leur
Hercule, dans l'île de Thasos. Ils avoient bâti
un autre Temple à la même Divinité, qui étoit
beaucoup plus ancien, puisqu'il remontoit à la
fondation de Tyr, comme je l'ai fait voir à l'article précédent.

Cet Hercule avoit à Tyr le nom de Melcarth,
ainsi qu'il se trouve dans le fragment de Sanchoniaton, rapporté par Eusébe, dans sa (3)

______

(1) Macrob. Saturnal. *lib. I, cap.* 20, *pag.* 263.

(2) Herodot. *lib. II,* §. 44. Il y a sûrement une erreur
dans ce calcul d'Hérodote. Feu M. le Président Bouhier
s'en est bien aperçu. Il veut qu'on lise *huit générations.*
Cela me paroît juste. Voyez ses Recherches & Dissertations
sur Hérodote, *pag.* 127, &c.

(3) Dans le passage de Sanchoniaton, il y a Melicarthus,
& dans celui d'Eusébe, Melcatharus. Selden (De Dis Syris,

P

Préparation Evangélique , *page* 38 , & dans le Difcours du même Eufébe à la louange de Conftantin (1).

L'Hercule Egyptien étoit pareillement fort différent de celui des Grecs. Celui - ci reconnoiffoit , comme je viens de le dire, Jupiter & Alcmène , pour les Auteurs de fes jours ; l'autre devoit fon être au Nil. *Alter* (2) *traditur Nilo natus , Ægyptius.* Orphée , au rapport d'Athenagoras, le fait naître de l'eau. » L'eau étoit , fuivant lui , (Orphée) le prin-» cipe de tout. Le limon fe forma de l'eau. De » l'un & de l'autre fut engendré un Dragon ; à » fa tête de Dragon étoit jointe une tête de » Lion. Entre ces deux têtes étoit le vifage d'un » Dieu. Il avoit nom Hercule & Chronos. Ηρ (3)

---

pag. 109) avoit corrigé Melcarthus. L'Infcription trouvée à Malthe , dont M. l'Abbé Barthélemy a donné une explication dans les Mémoires de l'Académie des Belles-Lettres, *vol.* 30, *pag.* 409 , juftifie fa correction. Qu'il me foit permis de faire remarquer que la traduction latine de ce paffage de Sanchoniaton fait deux perfonnages d'Hercule & de Melcarth, au lieu que , fuivant le Grec, c'eft le même. Τῷ δὲ Δημαροῦντι γίνεται Μέλκαρθος , ὅ καὶ Ἡρακλῆς. De Demarounte naît Melcarthus , qui eft le même qu'Hercule.

(1) In Orat. de Laud. Conftantini , *pag.* 755.

(2) Cicero de Nat. Deor. *lib. III*, §. 16.

(3) Athenagoræ Legatio pro Chriftianis. Ex Edit. Benedict. *pag.* 294. On l'appelle plus communément Athénagore ; mais comme fon nominatif grec eft Athenagoras, j'ai cru devoir le conferver.

γὰρ ὕδωρ ἀρχὴ κατ'αὐτὸν τοῖς ὅλοις, ἀπὸ δὲ τοῦ ὕδατος Ἰλὺς κατέση, ἐκ δὲ ἑκατέρων ἐγεννήθη ζῶον δρά- κων, προσπφυκυῖαν ἔχων κεφαλὴν λέοντος, διὰ μέσυ (1) δὲ αὐτῶν, Θεοῦ πρόσωπον, ὄνομα Ἡρακλῆς καὶ Χρόνος.

Les Egyptiens mettoient cet Hercule au nombre des douze grands Dieux, honneur que les Grecs & les Romains, qui comptoient auſſi douze grands Dieux, n'ont jamais fait à leur Hercule. » J'ai (2) appris, dit Hérodote, » qu'Hercule étoit un des douze Dieux. A l'é- » gard de l'autre Hercule que connoiſſent les » Grecs, je n'en ai pu rien apprendre en aucun » endroit de l'Egypte.

Ce Dieu étoit très-ancien. Suivant les Tradi- tions Egyptiennes (3), il exiſtoit dix-ſept mille ans avant le règne d'Amaſis. Macrobe dit à peu- près la même choſe. *Sacratiſſima* (4) *& auguſ- tiſſima Ægyptii cum religione venerantur ; ultra- que memoriam, quæ apud illos retro longiſſima eſt, ut carentem initio colunt.*

---

(1) Geſner, en corrigeant αὐτοῦ en la place de αὐτῶν, fait dire à Orphée que cette tête de Dieu étoit ſituée au mi- lieu du corps de cet animal, au lieu qu'elle ſe trouvoit entre la tête du Dragon & celle du Lion. Les Egyptiens entendoient par ces trois têtes le paſſé, le préſent & l'avenir. J'ai tiré cette Note des Pères Bénédictins.

(2) Herodot, *lib. II*, §. 43.

(3) Id. ibid.

(4) Macrob, Saturnal. *lib. I*, *cap.* 20, *pag.* 263.

Suivant Orphée (1), il étoit plus ancien que le ciel & la terre. » Hercule engendra un œuf » d'une grandeur excessive. L'ayant froissé avec » trop de violence en le remplissant, cet œuf » se brisa en deux. La partie supérieure prit la » forme du ciel, celle qui se porta en bas prit » celle de la terre. Ἡρακλῆς (2) ἐγέννησεν ὑπερμέγεθες ὠὸν, ὃ συμπληρύμενον, ὑπὸ βίας τοῦ γεγεννηκότος ἐκ παρατειβῆς εἰς δύο ἐρράγη· τὸ μὲν οὖν κατὰ κορυφὴν αὐτῦ, οὐρανὸς εἶναι ἐτελέσθη· τὸ δὲ κατενεχθὲν, γῆ.

Le véritable nom Egyptien de cet Hercule étoit probablement Chon. Du moins l'Auteur de l'*Etymologicum magnum* au mot χῶνες le prétend-il. » On dit qu'Hercule s'appelle Chon » dans la langue Egyptienne ». Τὸν Ἡρακλῆν φασὶ κατὰ τὴν Αἰγυπτίων διαλεκτον Χῶνα λέγεσθαι. Hesychius (3) assure que l'Italie s'appeloit autrefois Chone. Varin remarque (4) que l'Italie avoit ce nom, parceque Hercule y étoit venu, & que les Egyptiens l'appeloient Chon. Ce qui paroît prouver que ces habiles Gram-

---

(1) Toutes ces citations d'Orphée ne font point du véritable. On peut voir les Notes des savans Bénédictins à qui on a obligation de l'Edition d'Athenagoras.

(2) Athenag. Legat. pro Christian. *pag.* 294.

(3) Au mot Χώνην.

(4) Au mot Χῶνες.

mairiens ont raifon ; c'eft qu'il y avoit en Egypte un pays & une ville du nom de Cochone. Eufébe nous a confervé dans fa Chronologie (1) un paffage de Manethon, où il eft parlé de cette ville, près de laquelle Venephrès, quatrième Roi de la première Dynaftie, fit élever les Pyramides. Mais je crois qu'il s'eft gliffé une faute dans le texte d'Eufébe, auffi-bien que dans le Syncelle, où fe trouve le même paffage, & qu'il faut lire dans l'un & l'autre endroit, Chone, d'après l'autorité des Grammairiens ci-deffus cités. Or M. Jablonski prouve (2) que ce pays étoit confacré à Hercule, & qu'il eft le même que la Terre de Gofen, fi connue dans l'Ecriture par la demeure des Ifraëlites.

» Je ne puis concilier avec les mœurs ordi- *Philof. de l'Hiftoire,* p. 186. (206.)
» naires de tous les hommes ce que dit Héro-
» dote au Livre fecond. Il prétend, qu'excepté
» les Egyptiens & les Grecs, tous les autres
» peuples avoient coutume de coucher avec
» les femmes au milieu de leurs Temples. Je
» foupçonne le texte Grec d'avoir été cor-
» rompu...... Il n'eft guères poffible que chez

----

(1) Eufebii Pamphili Thefaurus temporum, *pag.* 14.
(2) Differtat. VII. de Terrâ Gofen. §. 3.

» tant de nations qui étoient religieuses jufqu'au
» plus grand fcrupule, tous les Temples euffent
» été des lieux de proftitution. Je crois qu'Hé-
» rodote a voulu dire, que les Prêtres qui
» habitoient dans l'enceinte qui entouroit le
» Temple, pouvoient coucher avec leurs fem-
» mes dans cette enceinte, qui avoit le nom de
» Temple, comme en ufoient les Prêtres Juifs,
» & d'autres : mais que les Prêtres Egyptiens
» n'habitant point dans l'enceinte, s'abftenoient
» de toucher à leurs femmes, quand ils étoient
» de garde dans les porches dont le temple
» étoit entouré.

Réponse. Hérodote peut très-bien fe paffer de l'apo-
logie de l'Abbé Bazin. Cet Hiftorien parle de
coutumes qui fe pratiquoient de fon temps, &
fur lefquelles il n'auroit pas été facile de lui en
impofer.

L'Ecriture femble confirmer fon récit. Dieu
ordonne à fon Peuple d'exterminer les Amor-
rhéens, les Chananéens, les Jébuzéens, &c.
de crainte qu'ils ne vinffent à lui enfeigner les
abominations qu'ils commettoient en préfence
de leurs Dieux. *Sed* (1) *interficies in ore gladii*,

-----

(1) Deuteron. *cap.* 20, *verf.* 17 & 18.

Hethæum videlicet, & Amorrhæum, & Chananæum, Pherezæum, & Hevæum, & Jebusæum, sicut præcepit tibi dominus Deus tuus : ne forte doceant vos facere cunctas abominationes, quas ipsi operati sunt coram Diis suis : & peccetis in Dominum Deum vestrum.

Clément d'Alexandrie (1) rapporte le passage de notre Historien, pour prouver que les Grecs tenoient leurs institutions & leurs connoissances des Barbares.

»Il n'est guères possible(2), insiste M. l'Abbé, » que chez tant de nations qui étoient reli- » gieuses jusqu'au plus grand scrupule, tous les » Temples eussent été des lieux de prostitution.

On a vu plus haut (3) ce qui se passoit dans le Temple de Mylitta à Babylone. Mais pour me rapprocher de ces temps-ci ; M. l'Abbé ignore-t-il l'Histoire des Adamites, qui prioient tout nuds, les femmes pêle-mêle avec les hommes? L'action la plus indécente cesse de le paroître, dès que l'on en fait un point de religion. Tout consiste dans la manière d'envisager l'acte de la génération. En le considérant du côté de

---

(1) Stromat. *lib. I*, pag. 361.
(2) Philos. de l'Hist. pag. 186 & 187. (206.)
(3) *Page 86 & suiv.*

son utilité, la propagation de l'espèce, on l'aura regardé comme l'action la plus agréable à la divinité, & suivant ce principe, on aura cru qu'il étoit plus à propos que cette action se passât sous les yeux mêmes des Dieux qu'on regardoit comme les auteurs de ce bienfait. Je n'approuve pas plus qu'Hérodote cette coutume, qui choque toutes les bienséances, quoique je regarde l'union conjugale comme une institution pure, sainte, & incapable de communiquer la moindre souillure. J'aime bien la réponse de Théano, à quelqu'un qui lui demandoit, combien il falloit de temps à une femme qui se levoit d'auprès d'un homme pour être pure. Elle l'est sur le champ, dit-elle, si c'est son mari ; jamais, si c'est un autre homme. Ποσαία γυνὴ ἀπ' ἀνδρὸς καθαρεύει, ἀπὸ μὲν τῦ ἰδίυ, εἶπε, παραχρῆμα· ἀπὸ δὲ τῦ ἀλλοτρίυ, οὐδέποτε. *Stobai Serm. LXXII, pag.* 443.

Philos. de l'Histoire, p. 187. (207.) » Ils (les Juifs) portoient le Tabernacle du » Dieu Rempham, du Dieu Moloc, du Dieu » Kium, comme le disent Jérémie, Amos & » saint Etienne.

RÉPONSE. 1.° Jérémie ne parle point de cela ; il dit (1)

---

(1) *Cap. VII*, v. 31, *XIX*, 5.

feulement que les Juifs ont bâti des lieux élevés dans la vallée du fils d'Ennom, pour y brûler
(à Moloch) leurs enfans.

2.° Saint Etienne ne dit rien de lui-même ;
il fe contente de citer (1) le Livre des Prophètes, *ficut fcriptum eft in Libro Prophetarum.*
Or ce Prophète eft Amos (2).

3.° Le Dieu Rempham eft le même que *Kium*
ou plutôt *Kijun.* Kiun eft le mot Hébreu que les
Septante , accoûtumés aux termes Egyptiens,
ont traduit par Remphan. M. Bochart penfe
que Saturne étoit honoré fous ce nom. On peut
voir fes preuves (3). Feu M. Jablonski croit
que c'eft le Soleil. On peut confulter fes Prolégomènes au Pantheon Egyptiorum, *pag.* 50.

» Clément d'Alexandrie, dans fes Stromates,
» Livre 5, dit que, fuivant un ancien Auteur,
» Moïfe prononça le nom de Ihaho , ou
» Jehovah, d'une manière fi efficace à l'oreille
» du Roi d'Egypte, Phara Nekefr, que ce Roi
» en mourut fur le champ.

Clément d'Alexandrie , rapporte dans fes

*Philof. de
l'Hiftoire,*
p 193.(214.)

RÉPONSE.

---

(1) Act. Apoft. VII, ℣. 42 & 43.
(2) Amos, *Cap. V*, ℣. 26.
(3) In Phaleg. *col.* 59.

Stromates, *Liv. I , page* 413 , d'après un certain
Artapanus, ou Artabanus ; » que Moïse ayant
» été mis en prison par Nechephres , Roi d'E-
» gypte , parce qu'il demandoit que le peuple
» Hébreu fût renvoyé de l'Egypte ; sa prison
» s'ouvrit pendant la nuit, par la permission de
» Dieu. Moïse étant sorti alla droit au Palais ,
» & s'étant approché du Roi, qui dormoit, il
» l'éveilla. Ce Prince, frappé de ce qui venoit
» d'arriver, ordonna à Moïse de lui dire le nom
» du Dieu qui l'envoyoit. Celui-ci se baissant
» le lui dit à l'oreille ; aussi-tôt le Roi tomba
» sans connoissance ; mais Moïse l'ayant retenu,
» il revint à lui.

1.° Clément d'Alexandrie ne raconte point
ce trait au Livre cinquième de ses Stromates ,
mais Livre premier, *pag.* 413.

2.° Il ne nomme point ce Roi Phara Nekefr,
mais Nechephres.

3.° Il ne dit point quel nom Moïse prononça.
M. l'Abbé auroit-il donc évoqué l'ombre d'Ar-
tabanus , de cet Historien crédule , de qui
Clément d'Alexandrie a emprunté cette fable.

4.° Ἄφωνον πεσεῖν signifie, tomber sans connoissance , sans parole , tomber en défaillance.
Πάλιν ἀναβιῶναι revenir à soi. Ces expressions
se trouvent en ce sens dans les meilleurs Au-

teurs, & M. Huet les a entendues de la forte dans fa Démonftration Evangélique, *pag.* 67.

5.° Je paffe volontiers à M. l'Abbé d'avoir fait tuer ce Roi par Moïfe : mais il auroit bien dû nous apprendre la belle action que fit le Prophète en le reffufcitant.

Eufébe raconte la même chofe d'après Artabanus (1):

» La Pythoniffe d'Endor , qui évoqua » l'ombre de Samuel , eft affez connue ; il » eft vrai, qu'il eft fort étrange que ce mot » de Python , qui eft Grec , fût connu des » Juifs , du temps de Saül. Plufieurs Savans en » ont conclu que cette Hiftoire ne fut écrite » que quand les Juifs furent en commerce avec » les Grecs , après Alexandre.

Philof. de l'Hiftoire , p. 193.(214.)

Il eft à préfumer que les Savans , qui ont tiré cette conclufion , font de la même force que M. l'Abbé. Ils devroient auffi conclure par la même raifon , que le Deutéronome & le Lévitique font poftérieurs à Alexandre. Dans le Lévitique (2), il y a: *Vir , five mulier in quibus* Pythonicus, *vel divinationis fuerit fpiritus , morte*

Réponse.

----

(1) Præpar. Evangel. *lib. IX*, *cap.* 27 , *pag.* 434.
(2) *Cap. XX*, *verf.* 27.

moriantur. Et dans le (1) Deutéronome : *Nec incantator , (inveniatur in te) nec qui* Pythones *consulat ,* &c.

La critique de M. l'Abbé ne porte que sur la Vulgate. L'Ecriture n'en est point affectée. Le mot, qui dans l'original répond à *Pythonicus spiritus ,* est *Ob.* C'étoit un Esprit ou Démon (2) qui parloit à voix basse de la tête, des aisselles , ou des parties de la génération du devin ou du mort.

Au Livre des Rois (3) *Ob* parle par la partie de la génération de la Pythonisse. L'original l'appelle , *Esheth Baalath Ob ,* c'est-à-dire, *mulierem habentem Ob ,* que les Septante ont rendu par γυναῖκα ἐγγαςείμυθον femme qui parle du ventre , ou qui a dans le ventre un démon qui répond à ceux qui l'interrogent.

Au verset suivant du même Chapitre , Saül dit , suivant la Vulgate , *divina mihi in Pythone.* Mais dans l'Hébreu , il y a *in Ob ,* & dans la version des Septante μάντευσαι δέ μοι ἐν τῷ ἐγγαςειμύθῳ où l'on voit qu'*Ob* est ici appelé ,

---

(1) *Cap. XVIII , verf.* 11.

(2) Confer. Mofes Mikotzi in Præ. negat. XXXVIII. Rambam in Iad Chazika , *cap. VI.*

(3) Reg. *lib. I , cap.* 28 , *verf.* 7.

fpiritus ventriloquus , efprit qui parle par le ventre.

Remarquez que lorfque les Pères de l'Eglife Grecque parlent de la Pythoniffe, ils ne fe fervent jamais de ce terme, mais toujours de celui d'ἐγγαςείμυθος. Saint Juftin, Philofophe & Martyr, s'exprime de la forte dans fon Dialogue avec le Juif Tryphon (1) : » Et que les ames » fubfiftent, je vous l'ai fait voir, en ce que là » Pythoniffe évoqua à la prière de Saül l'ame » de Samüel. Καὶ ὅτι μίνυσιν αἱ ψυχαὶ, ἀπέδειξα ὑμῖν ἐκ τῦ καὶ τὴν Σαμυὴλ ψυχὴν κληθῆναι ὑπὸ τῆς ἐγγασιμύθυ, ὡς ἠξίωσεν ὁ Σαούλ.

Deux lignes plus bas on trouve le même terme. Dans les (2) Réponfes aux Orthodoxes, ouvrage fauffement attribué par quelques Ecrivains à S. Juftin, on lit le même mot une fois dans la Queftion 52, & quatre fois dans la Réponfe à cette queftion, & jamais le terme de Pythoniffe.

Le terme de Python eft des Grecs poftérieurs, comme le remarque Hefychius, au mot ἐγγαςείμυθος.

---

(1) Sancti Juftini opera. Dialog. cum Tryphone, §. 105. pag. 200.

(2) Quæftiones & Refponf. ad Orthodoxos. Parmi les Œuvres de Saint Juftin, *pag.* 460 & 461.

Philof. de l'Histoire, p. 194. (215.)

» Le bouc, avec lequel les Sorcières étoient
» fuppofées s'accoupler, vient de cet ancien
» commerce que les Juifs eurent avec les boucs
» dans le défert, ce qui leur eft reproché dans
» le Lévitique. (Chap 17).

RÉPONSE.

M. l'Abbé Bazin n'eft pas heureux en citations. Voici le paffage du Lévitique. Le lecteur
en jugera.

Cum omni (1) *pecore non coibis, nec macula-*
beris cum eo : mulier non fuccumbet jumento, nec
mifcebitur ei : quia fcelus eft.

Cette défenfe eft générale, & ne regarde
pas plus les boucs que tout autre animal. Dieu
fit cette Loi à deffein de précautionner les
Ifraëlites contre les infamies auxquelles s'aban-
donnoient les nations parmi lefquelles ils alloient s'établir, & que par cette raifon il avoit
réfolu d'exterminer. D'ailleurs cette Loi ne fuppofe pas qu'ils fe fuffent déja livrés à une pareille infamie.

Peut-être auffi M. l'Abbé a-t-il en vue cet autre paffage du même Livre : *Nequaquam* (2) *ultra*
immolabunt hoftias fuas dæmonibus, cum quibus
fornicati funt.

---

(1) Levitic. *cap.* 18, *verf.* 23. On retrouve la même
défenfe, *cap.* 20, *verf.* 15 & 16.
(2) Ibid. *cap.* **XVII**, *verf.* 7.

Il y a, il est vrai, dans l'original *Lashaghi-*
rim, c'est-à-dire, des boucs. Mais le Dieu
(1) Pan étoit adoré dans le Nome Men-
désien, sous la figure de cet animal. Les
Juifs durant leur séjour dans la Basse Egypte
avoient sacrifié à ce Dieu, & l'avoient adoré,
fornicati sunt. L'Ecriture se sert en mille endroits de cette expression en ce sens, *& mœ-*
chata est (Juda soror Israël) cum lapide & ligno.
Jerem. cap. 3, vers. 9, &c.

Bochart, que M. l'Abbé a parcouru, & qu'il
n'a surement point entendu, explique de même
ce passage (2): *Alia species* fornicationis, *ido-*
lolatria nimirùm, ibi intelligitur. Et haud (3)
dubiè fornicandi *verbum, ut passim, ad idolola-*
triam refertur. Cet Auteur est un homme de
poids, & il y a plus à profiter dans une page
de ses savans écrits, même quand il se trompe,
que dans toutes les rhapsodies de l'Abbé Bazin
& de ses semblables.

Ce n'est pas que j'ignore que de savans hom-

---

(1) Ἢν δ᾽ ἐις τὴν Αἴγυπτον ἔλθῃς, τότε δὴ τότε ὄψῃ πολλὰ τὰ
σεμνὰ, καὶ ὡς ἀληθῶς, ἄξια τῶ οὐρανῶ......... τὸν Πᾶνα ὅλον τράγον.
Que si vous venez en Egypte, vous y verrez beaucoup de
choses respectables; & pour dire le vrai, dignes du Ciel....
le Dieu Pan qui est entièrement Bouc, &c. Lucian. de
Sacrif. 14, ou *tom. I, pag.* 537.

(2) *Phaleg. pag.* 444.

(3) Hierozoicon, *Pars I, pag.* 642.

mes ont interprété ce terme *fornicati*, d'une véritable fornication ; mais je crois que c'eſt ſans fondement, & qu'il faut l'entendre d'une fornication ſpirituelle. Ils ſe fondent ſur ce que raconte (1) Plutarque , qu'on enfermoit en Egypte le Bouc Mendéſien, avec un grand nombre de belles femmes. Mais cet Auteur ne parle que ſur un oui-dire, λέγεται. Il eſt vrai que Pindare dans un vers cité par Strabon (2) dit : » A Mendès , ſituée ſur un rivage eſcarpé, » les boucs ont commerce avec les femmes.

Μένδητα πάρα
Κρημνὸν θαλάσσας,
Ὅθι τράγοι γυναιξὶ μίσγονται.

(3) Les Poëtes ne ſe fondent le plus ſouvent que ſur des bruits populaires , & M. l'Abbé Bazin doit ſavoir mieux que perſonne, qu'ils ont coutume d'haſarder bien des choſes, &

---

(1) *Vol.* 2 , *pag.* 989.
(2) *Lib. XVII*, *pag.* 1154.
(3) Ce que je dis des Poëtes s'applique très-bien à Pindare. Il eſt très-ſûr qu'il n'avoit jamais été à Mendès , & que tout ce qu'il en ſavoit n'étoit fondé que ſur des ouï-dire. Ariſtide remarque que ce qu'il avance au ſujet de Mendès ne s'accorde point avec la poſition des lieux. Voyez Ariſtide , *pag.* 96 ,.recto.

qu'il

qu'il ne faut jamais compter fur leur parole,
qu'ils n'en donnent de bons garants.

Hérodote, homme croyable s'il en fut jamais,
quand il affure avoir vu quelque chofe, dit :
» Il (1) arriva de mon temps dans le Nome
» Mendéfien une chofe étonnante. Un Bouc
» eut publiquement commerce avec une femme.
» Cela parvint auffitôt à la connoiffance de tout
» le monde.

Cet Hiftorien, qui avoit parcouru tant de
pays en homme qui veut s'inftruire, & qui
avoit fait tant de recherches fur les antiquités,
les ufages & les mœurs des nations chez qui
il voyageoit, n'auroit point parlé de cette infamie, comme d'une chofe étonnante, fi elle
eût été commune.

Une femme fe fera abandonnée à un bouc
du temps de Pindare. Chacun aura conté à fa
manière une aventure auffi extraordinaire, on
y aura ajouté des circonftances ; bientôt, en
paffant par différentes bouches, elle aura été
dénaturée, & d'un événement unique on en
aura fait un ufage conftant. Meffieurs les Poëtes
s'en feront alors emparés ; tous ceux, qui fe
plaifent au merveilleux, & qui font plus d'ufage

---

(1) *Lib. II*, §. 46.

de leur imagination que de leur jugement, en au-
ront cru fur leur parole & les Poëtes & le peuple.

Il ne falloit pas moins pour détromper le
Public qu'un Hiſtorien exact.

Philoſ. de
l'Hiſtoire ,
p. 197. (219.)

» Le premier ſacrifice de cette nature, ſi l'on
» en croit les fragmens de Sanchoniaton, fut
» celui de Jehud chez les Phéniciens, qui fut
» immolé par ſon père Hillu, environ 2000 ans
» avant notre Ere. C'étoit un temps où les
» grands états étoient déja établis ; où la Syrie,
» la Caldée, l'Egypte étoient très-floriſſantes ;
» & déja, dit Hérodote, on noyoit une fille
» dans le Nil, pour obtenir de ce fleuve un
» plein débordement, qui ne fût ni trop fort
» ni trop foible.

» Ces Abominables Holocauſtes s'établirent
» dans preſque toute la terre.

Réponse.

M. l'Abbé a raiſon de s'élever contre ces
ſacrifices inhumains , il n'auroit pas dû cependant les appeler des Holocauſtes. Un Holo-
cauſte eſt un ſacrifice, où la victime eſt entièrement conſumée par le feu.

J'ai fait voir plus haut (1) le cas qu'on devoit
faire de l'autorité de Sanchoniaton ; quoi qu'il
en ſoit, cet Ecrivain ne dit pas que le ſacrifice de *Jeud* ait été le premier. Cela cepen-

______
(1) *Page* 209 *& ſuiv.*

dant est vraisemblable, si l'on admet l'authenticité de ces fragmens. Ce Jeud étoit, suivant Sanchoniaton (1), fils de Cronus ou Saturne, que les Phéniciens nomment Hel (2) ou Bel ou Bolathen. Φοίνικες καὶ Σύροι τὸν Κρόνον Ἦλ καὶ Βὴλ καὶ Βολάθην ἐπονομάζουσι. Théophile, Patriarche d'Antioche, dit de même dans son troisième Livre à Autolycus (3), que » quelques-uns » adorent Cronus & le nomment Bel ou Bal, » & principalement les Orientaux, ne sachant » ni qui est Cronus, ni qui est Belus ». Voici le passage de cet Auteur en latin en faveur de M. l'Abbé, si tant est qu'il entende cette Langue. *Quidam divinos honores Crono deferunt , & eumdem Bel aut Bal nominant, ii præsertim qui orientalia climata inhabitant , nescii quis sit Cronus aut Belus.* On lit dans la Chronique d'Eusébe (4). *Tharæ anno XXVIII , Assyriorum rex primus Belus mortuus est , quem Assyrii Deum nominaverunt , & alii dicunt Saturnum.*

Ce Bel vivoit environ 2175 ans avant notre Ere ; & l'Empire d'Assyrie (5) n'étoit encore

______

(1) Eusebii Præparat. Evangel. *lib. I , pag.* 40. Nous rapporterons plus bas le passage de cet Auteur.

(2) Damascius in Photii Biblioth. *pag.* 1050.

(3) Theophilus ad Autolycum, *lib. III ,* §. 29 , *pag.* 399.

(4) *Page* 9.

(5) Celui qui avoit Babylone pour capitale. J'ai fait voir

que dans son enfance , quoique **M.** l'Abbé
veuille nous persuader du contraire. Je ne
m'engagerai point ici dans les questions épineu-
ses de la Chronologie ; on est actuellement au
fait de l'Erudition de M. l'Abbé ; son ton décisif
n'en imposera à personne.

Rapportons maintenant le fragment de
Sanchoniaton (1) : »Il étoit d'usage parmi
» les Anciens, dans les grands malheurs, que
» les maîtres des villes & des nations rachetas-
» sent les calamités universelles , en livrant
» celui de leurs enfans qu'ils chérissoient le
» plus, pour être immolé aux Dieux vengeurs.
» Ceux qu'on avoit dévoués étoient égorgés
» avec des cérémonies mystiques.

» En effet, Cronus que les Phéniciens nom-
» ment *Israël* , & qui après sa mort fut honoré
» sous le nom de l'astre de Saturne, dans le
» temps qu'il régnoit en ce pays (la Phénicie)
» eut un fils unique d'une Nymphe du Pays
» nommée Anobret. Il l'appela Jeud, parce
» que ce mot signifie en Phénicien , même en-
» core à présent, fils unique, c'est-à-dire, chéri.

plus haut que celui dont Ninive étoit la capitale , étoit de
beaucoup postérieur.

(1) Eusebii Præparat. Evangel. *lib. I*, *cap.* 10, *pag.* 40.
On trouve la même chose mot à mot , *lib. IV*, *cap.* 16,
pag. 156.

» Ce prince voyant son pays désolé par une
» guerre fâcheuse, immola son fils, revêtu
» d'habits royaux, sur un autel qu'il avoit fait
» élever.

J'ai rapporté ce passage tel que je l'ai trouvé.
Il est cependant évident d'après Eusébe dans sa
Chronique, Damascius & Théophile, Patriarche
d'Antioche, dont j'ai cité ci-dessus les textes,
que ce mot, Israël, est corrompu, & qu'il faut y
substituer, Ilus, comme on pourra s'en convaincre par cet autre fragment du même Sanchoniaton.

» Uranus (1), ayant succédé à son père,
» épousa Gé. Il en eut quatre fils, *Ilus*, *que l'on*
» *appelle aussi Cronus*, Betylus, Dagon, le
» même que Siton & Atlas.

Il est inutile de s'étendre davantage sur les
bévues qu'a fait le prétendu Abbé Bazin en ce
peu de lignes. Poursuivons :

En quel endroit d'Hérodote ce *savant* Abbé
a-t-il vu qu'on noyoit une fille dans le Nil,
pour obtenir de ce fleuve un plein débordement ?

Je ne me ressouvenois pas d'avoir jamais lu
rien de pareil dans Hérodote ; mais comme il

______

(1) Eusebii Præpar. Evangel. *lib. I*, *cap.* 10, *pag.* 36.

ne feroit pas fort étonnant que ce trait m'eût échappé de la mémoire, je l'ai relu d'un bout à l'autre, fans y rien trouver qui en approchât tant foit peu. Au contraire, Hérodote (1) traite de fable ce que racontent les Grecs au fujet d'Hercule, qui, étant près d'être immolé par les Egyptiens, tua tous ceux qui fe trouvoient à ce fpectacle. Il ajoute » que les Grecs » n'ont débité ces contes, que faute de connoî- » tre le caractère & les loix des Egyptiens : que » des peuples à qui il n'eft point permis d'immo- » ler d'autres animaux que des brebis (2), des » bœufs & des veaux, pourvu qu'ils foient mon- »des, font bien éloignés d'immoler des hommes.

Si Hérodote eût rapporté le trait que lui attri-bue M. l'Abbé, il feroit tombé dans une étrange contradiction. Au refte fa manière de raifonner eft jufte & concluante pour les fiècles qui fui-virent Amofis : car on ne peut difconvenir qu'avant ce Prince les facrifices humains n'euf-fent été en ufage en Egypte.

Diodore de Sicile raconte (3) » que les Rois » immoloient autrefois fur le monument d'Ofi-

---

(1) Herodot. *lib. II*, §. 45.

(2) Il y a dans le Grec des cochons ; j'aurai occafion dans un autre Ouvrage de parler du changement que je fais ici au texte.

(3) *Lib. I*, §. 88, *pag. 99.*

» ris , les hommes de la même couleur que
» Typhon. On trouve en Egypte fort peu de
» gens roux, mais beaucoup parmi les étran-
» gers. De-là vient chez les Grecs la fable de
» Bufiris (1), qui immole des étrangers ; non
» point qu'il y ait eu un Roi de ce nom, mais
» parce qu'on appeloit ainfi dans la langue du
» pays, le tombeau d'Ofiris.

On retrouve la même chofe dans le traité de
Plutarque fur Ifis & Ofiris.

» En effet, dit cet Auteur (2), les Egyptiens
» avoient coutume , au rapport de Mané-
» thon, de brûler dans la ville d'Ilethyia des
» hommes tout en vie, à qui ils donnoient le
» nom de Typhon , après quoi ils vannoient

---

(1) Strabon dit de même qu'il n'y a point eu de Roi
Bufiris. Geog. *lib.* **XVII**, *pag.* 1154. Ifocrate a fait l'é-
loge de ce prétendu Roi. Virgile en parle au troifième
Livre des Georgiques , *Vers* 5.

Illaudati nefcit Bufiridis Aras.

Aucun Commentateur que je fache, ancien ou moderne ,
n'a remarqué que c'étoit un Roi imaginaire , il en faut dire
autant des Traducteurs, fans en excepter l'Abbé Desfon-
taines & M. Lallemant.

Il eft vrai que Diodore de Sicile parle d'un Roi de ce
nom , (*lib. 1*, §. 45, *pag.* 54,) mais l'on n'en peut rien
conclure autre chofe, finon qu'il fe contredit.

(2) Plutarch. de Ifide & Ofiride, §. 73 , *pag.* 170.
Toutes les Editions de Plutarque portent ἐν Ἰδιθύας πόλει. Le
Chevalier Marsham a vu le premier qu'il falloit corriger
ἐν Ἐιλυθίας πόλει. Voyez Canon Chronic. *pag.* 302.

» leurs cendres & les difperfoient dans l'air.

Athénée (1) fait mention d'un traité de Séleucus, fur les victimes humaines qu'immoloient les Egyptiens.

Porphyre (2) dit, qu'au rapport de Manéthon, Amofis abolit à Heliopolis en Egypte la loi concernant les facrifices humains.

Eufébe (3) affure la même chofe d'après Porphyre.

Feu M. Jablonski (4), tâche d'accorder Hérodote avec Porphyre, Manéthon & les autres Auteurs qui ont parlé de cette coutume des Egyptiens. Il prétend qu'il faut l'attribuer à ces Pafteurs Arabes, qui s'emparèrent de l'Egypte, long-temps avant que Jacob s'y établît, & l'occupèrent pendant plufieurs fiècles. Il eft très-fûr que ces fortes de facrifices étoient en ufage chez les Arabes, & il s'en trouve encore des exemples depuis la venue de Jéfus-Chrift, & même jufques fur la fin du fixième fiécle. Cet ufage fe pratiquoit, non-feulement à Ilethyia, mais encore à Héliopolis, qui fut fondée par les Arabes, comme nous l'apprend

---

(1) Deipnofoph. *lib. IV*, *pag.* 172.
(2) Περὶ ἀποχῆς τῶν ἐμψύχων. *Lib. II*, 55.
(3) Præpar. Evangel. *lib. IV*, *cap.* 16, *pag.* 155.
(4) Pantheon Ægyptiorum. *Pars II*, *pag.* 75.

Pline le Naturaliste (1). Il y a grande apparence que les Arabes y introduisirent cette abominable coutume, 'qui leur étoit devenue si familière. Amosis, suivant les Auteurs ci-dessus cités, abolit ces sacrifices. Cela confirme la conjecture de M. Jablonski. Car il est certain que ce Prince enleva aux Pasteurs Arabes Héliopolis, & qu'il les poussa jusqu'à l'extrémité de l'Egypte vers l'Arabie & la Phénicie. Il n'est donc point étonnant qu'après les avoir chassés d'Héliopolis, il ait purgé cette ville de ces sacrifices barbares.

Quoi qu'il en soit de cette conjecture, je trouve dans les Anciens mille exemples de ces sortes de sacrifices, mais nulle part celui que rapporte M. l'Abbé. Eusébe, dans le chapitre même qu'il vient de citer, & qu'il a intitulé : De l'usage ancien d'immoler des victimes humaines, qu'il a tiré de Porphyre, Philon, Denys d'Halicarnasse & Clément d'Alexandrie ; Eusébe, dis-je, ne parle pas de ce trait, qu'il n'auroit pas manqué de rapporter, s'il en eût eu connoissance.

M. l'Abbé ne l'a cependant point inventé ; il l'a tiré du Docteur Hyde (2), qui rapporte,

____

(1) *Lib. VI*, *cap.* 29.
(2) Historia Religionis veterum Persarum, *cap. II, p.* 30.

d'après Murtadi, que les Egyptiens avoient coutume de noyer dans le Nil le douze du mois de *Baun* une jeune fille, & que les Mahométans abolirent cet uſage. Aucun Auteur, que je ſache, ne parle de cette coutume avant Murtadi ; il n'y a donc point d'apparence qu'elle ſoit fort ancienne. Il auroit été à ſouhaiter que M. l'Abbé eût indiqué les ſources où il a puiſé, cela auroit évité bien de la peine à ceux qui veulent y recourir.

Philoſ. de l'Hiſtoire, p. 200. (221.) » Les Scythes immolèrent quelquefois aux » manes de leur Kans, les Officiers les plus » chéris de ces Princes. Hérodote dit qu'on » les empaloit autour du cadavre royal.

RÉPONSE. Qui ne s'imagineroit, en liſant ce récit, qu'on empaloit tout vivans les Officiers des Rois Scythes? Cependant on les étrangloit auparavant, & on ne les empaloit que pour les faire tenir droits ſur les chevaux où on les plaçoit. Mais écoutons Hérodote (1).

» L'année révolue, ils choiſiſſent les plus » diſpos d'entre le reſte des Officiers du feu » Roi. Ce ſont tous Scythes naturels ; le Roi

---

(1) Herodot. *lib. IV*, ſ. 72.

» n'ayant point d'Esclaves achetés à prix d'ar-
» gent, & se faisant servir par ceux qu'il veut.
» *Ils étranglent* une cinquantaine de ces Officiers,
» & autant des plus beaux chevaux. Ils leur
» ôtent les entrailles, leur nettoient le ventre,
» & après l'avoir rempli de paille, ils le recou-
» sent. Ils posent sur deux pièces de bois un
» demi-cercle renversé, puis un autre demi-
» cercle sur deux autres pièces de bois, &
» ainsi de suite, plusieurs autres qu'ils attachent
» de la même manière. Après cela ils élèvent
» sur ces demi-cercles les chevaux, après leur
» avoir fait passer des pieux dans toute leur
» longueur jusqu'au col. Les premiers demi-
» cercles soutiennent les épaules des chevaux,
» & les autres les flancs & la croupe, de sorte
» que les jambes sont suspendues, & ne posent
» sur rien. Ils leur mettent ensuite un mords
» & une bride, tirent la bride en avant &
» l'attachent à un pieu. Ils prennent ensuite
» les cinquante jeunes gens, qu'ils ont étran-
» glés, les placent chacun sur un cheval, après
» leur avoir fait passer le long de l'épine du dos
» jusqu'au cou une perche, dont l'extrémité
» inférieure s'emboîte dans le pieu qui traverse
» le cheval. Enfin lorsqu'ils ont placé ces 50
» cavaliers autour du tombeau, ils se retirent.

Je n'ajouterai aucune réflexion au récit du Père de l'Histoire ; il porte avec soi la condamnation de M. l'Abbé.

Philos. de l'Histoire, P.208.(230.)

» Une preuve encore sans réplique que ces » mystères (d'Eleusis) n'étoient célébrés que » pour inspirer la vertu aux hommes, c'est la » formule par laquelle on congédioit l'assem- » blée. On prononçoit chez les Grecs les deux » anciens mots Phéniciens : *Koff omphet, veillez* » *& soyez purs.*

REPONSE.

Qui pourroit s'empêcher de rire, en voyant M. l'Abbé prononcer dogmatiquement sur la signification de ces deux mots barbares, lui qui ne connoît pas même une seule lettre de la langue Phénicienne d'où il les fait venir. *Risum teneatis, Amici ?*

Hésychius est le seul Auteur qui nous ait conservé cette formule. C'étoit, selon lui, une acclamation aux Initiés, ἐπιφώνημα τετελεσμένοις. Mais que signifie-t-elle ? Les commentateurs ne l'expliquent pas. Sopingius paroît vouloir la ramener à la langue Grecque. Il voudroit qu'on lût βόμβαξ, & il nous renvoie à ce mot, qu'Hésychius interprète : » sorte » d'interjection qui indique qu'on se moque de

» quelqu'un » : τοῦτο παρεμβολοειδές ἐςι. Σημαίνει ᵹ διασυρμόν. Mais cela n'a aucun rapport avec cette acclamation. Les myſtères d'Eleuſis n'étant pas Grecs d'origine, ce n'étoit pas dans la langue Grecque qu'il en falloit chercher l'explication.

Meurſius prétend qu'on congédioit l'aſſemblée avec cette formule. *Atque* (1) *hunc in modum Initiatis acclamatum mox ;* Κόγξ ὄμπαξ. Héſychius. Κόγξ, ὄμπαξ. Ἐπφώνημα τοῖς τετελεσμένοις. *eâque acclamatione, quaſi dimiſſi, diſcedebant; aliiſque itidem initiari cupientibus, locum dabant.* Mais il ne le prouve pas, & il ne cherche point à expliquer cette formule.

Le Clerc & M. l'Evêque de Gloceſter ſont, on ne voit pas trop pourquoi, de même ſentiment.

Le Clerc a cherché la ſignification de ces mots, & ne la pouvant trouver en aucune langue, il les a cru corrompus. Il peut ſe faire qu'ils le ſoient, mais quelle preuve en a-t-il ? Quoi qu'il en ſoit, il les change de ſon autorité privée en (2) *Kots* & *Hamphets.* Le premier ſignifie en Hébreu *veillez,* le ſecond en Syriaque

---

(1) Meurſii Eleuſinia, *pag.* 34.

(2) Biblioth. Univerſ. *tom. VI, pag.* 127.

soyez innocent. Avec de pareils changemens, &
en mettant à contribution toutes les langues
Orientales, rien de si aisé que de leur faire dire
tout ce qu'on voudra.

Le savant Evêque de Glocester approuve les
changemens de le Clerc, & l'explication qu'il
donne de cette formule. » Après cela, dit-il,
» (1) on congédioit l'assemblée, avec ces deux
» mots barbares, Κόγξ ὄμπαξ, ce qui fait voir que
» les Myftères n'étoient point originairement
» Grecs. Le savant M. le Clerc remarque fort
» bien, que ces mots ne paroiffent qu'une pro-
» nonciation vicieufe de *Kots* & *omphets*, qui,
» nous dit-il, fignifient dans la langue Phéni-
» cienne, *veillez & abftenez-vous du mal.*

Mais pourquoi le Docteur Warburton chan-
ge-t-il le terme Hamphets de le Clerc en celui
de *Omphets* ? à moins qu'on ne veuille dire,
que c'eft une faute d'impreffion. De plus, pourquoi prétend-il que le Clerc en a puifé la fignification dans la langue Phénicienne, au lieu qu'il
ne nomme que l'Hébreu & le Syriaque ? M.
l'Evêque de Glocefter avoit-il connoiffance de
l'excellent Mémoire fur les Lettres Phéniciennes

---

(1) Divine Legation of Mofes, *vol.* I^r. *pag.* 179.

où M. l'Abbé Barthelemy a si bien prouvé que les langues Phénicienne & Syriaque ne différoient presque pas entr'elles.

Quoi qu'il en soit de ces légères inadvertances, notre prétendu Abbé, qui en d'autres endroits a tant profité de la Divine Légation de Moïse, n'a fait ici que la copier. Il dit, avec M. l'Evêque de Glocester, 1.° qu'on congédioit l'assemblée par cette formule ; 2.° qu'on prononçoit ces mots *Koff omphet* (1) ; 3.° qu'ils signifient, *veillez & soyez purs.* Mais le public est accoutumé à ses plagiats.

A l'égard de la signification de ces termes, ne pouvant rien trouver de satisfaisant, je pris le parti d'en écrire à un (2) homme du premier

---

(1) Cela prouve que l'Abbé ne connoissoit point la Dissertation de le Clerc, autrement il se seroit servi du mot Hamphets. A l'égard de Koff, il ne le doit qu'à lui-même ; il peut le garder tranquillement, sans craindre que personne vienne à le revendiquer.

(2) J'aurois souhaité pouvoir le nommer ; mais sa modestie m'a imposé silence, dans une lettre où il me permet de faire usage de ses Remarques.

16 Décembre 1766.

» Vous êtes absolument le maître, Monsieur, des Re-
» marques que j'ai eu l'honneur de vous adresser ; vous pou-
» vez les abréger, les corriger, en faire l'usage qui vous
» conviendra ; la grâce que je vous demande, c'est de ne
» me pas citer, & d'être persuadé, &c.

mérite, qui joint à une connoissance profonde des Antiquités, celle des Langues Orientales : voici la réponse qu'il me fait.

24 *Décembre* 1766.

» Je connois depuis long-tems, Monsieur, la
» formule dont vous me faites l'honneur de me
» parler ; mais je n'en ignore pas moins la signi-
» fication. Il est visible que les deux mots Κόγξ
» ὄμπαξ sont étrangers à la langue Grecque.
» Mais dans quelle langue doit-on les chercher?
» Je croirois volontiers qu'ils sont Egyptiens,
» parce que les Mystères d'Eleusis me paroissent
» venus d'Egypte. Pour en connoître la valeur,
» il faudroit 1.° que nous fussions très-instruits
» de l'ancienne langue Egyptienne, dont il ne
» nous reste que très-peu de chose dans la langue
» Cophte ; 2.° que les deux mots en question,
» en passant d'une langue dans une autre,
» n'eussent rien perdu de leur prononciation,
» & qu'en passant dans les mains de plusieurs co-
» pistes, ils n'eussent rien perdu de leur ortho-
» graphe primitive. Voilà bien des obstacles im-
» possibles à lever.

» On pourroit absolument avoir recours à la
» langue Phénicienne , qui avoit beaucoup de
» rapports avec l'Egyptien. C'est le parti qu'a
pris

» pris le Clerc, qui à l'exemple de Bochart,
» voyoit tout dans le Phénicien. Mais on don-
» neroit dix explications différentes de ces deux
» termes, toutes également probables, c'est-à-
» dire, toutes également incertaines. Rien ne
» se prête plus aux desirs de ceux qui aiment
» les étymologies que les langues orientales,
» & c'est ce qui a égaré presque tous ceux qui
» s'en sont occupés.

» Vous voyez, Monsieur, combien je suis
» éloigné de vous dire quelque chose de po-
» sitif, & que je réponds très-mal à la confiance
» dont vous m'honorez. Je ne puis donc que
» vous offrir l'aveu de mon ignorance, & celui
» du parfait dévouement, avec lequel je suis,&c.

Que le Clerc & le Docteur Warburton se
soient trompés, c'est l'appanage de l'humanité.
Ils ont donné tant de preuves de leur savoir,
qu'on n'en conclura rien à leur défavantage.
Si, tout riches qu'ils sont de leur propre fonds,
ils se couvrent quelquefois des dépouilles des
autres, ils savent tellement se les rendre propres, qu'on croiroit qu'elles sont à eux. A
l'égard de notre pauvre Abbé, il a beau se
revêtir de la peau du lion, ses oreilles le tra-
hissent toujours.

R

Philof. de
l'Hiſtoire ,
p. 209.(232.)

» Pauſanias, dans ſes Arcadiques, nous ap-
» prend que dans pluſieurs Temples d'Eleuſine,
» on flagelloit les Pénitens, les Initiés.

RÉPONSE. Que de choſes curieuſes ne nous apprend
point en ce peu de mots M. l'Abbé Bazin ! Je
lui demanderois cependant ce qu'il entend par
Eleuſine. Eſt-ce une Ville, ou une Divinité ?
Il y avoit dans l'Attique *une ville* qui s'appeloit
Eleuſis , & dans cette ville & ailleurs, un Temple dédié à Cérès, ſurnommé Eleuſinienne du
nom de *cette ville*. Mais je ne ſache pas qu'il y
ait *eu quelque part , une Ville* ou une Divinité
qui s'appelât Eleuſine. Ce qui a trompé M.
l'Abbé, c'eſt la traduction latine de Pauſanias,
où il y a *prope fanum Eleuſiniæ* (1). S'il eût jeté
les yeux quelques lignes plus haut dans le
Chapitre précédent, il auroit vu, qu'il étoit
ici queſtion de Cérès. Φενεάταις (2) ᾗ καὶ Δήμητρος
ἐστιν ἱερὸν ἐπίκλησιν Ἐλευσινίας. » Chez les Phénéates
» il y a auſſi un Temple de Cérès, ſurnommée
» Eleuſinienne.

Mais ce n'eſt point tout, M. l'Abbé fait dire
à Pauſanias, qu'on flagelloit dans les Temples

---

(1) Pauſan. Arcad. *cap. XV, pag.* 630.
(2) Id. ibid. *cap. XIV, pag.* 630.

d'*Eleusine* (pour me servir de ses termes)
les Pénitens, les Initiés. Il est bien fâcheux
que Meursius ne soit point venu dans ces temps-
ci, il auroit *sans doute* profité de la découverte
de M. l'Abbé, pour en embellir le petit Ouvrage
qu'il a fait sur la fête de Cérès, célébrée à
Eleusis, & qu'il a intitulé *Eleusinia.* Pour nous,
qui sommes assez heureux pour en jouir, témoi-
gnons lui en notre reconnoissance, & pour commencer à nous acquiter des grandes obligations
que nous lui avons, apprenons lui à se défier
un peu des traductions latines, & quelquefois
même du texte d'un Auteur, qui n'est pas toujours parvenu jusqu'à nous dans son intégrité.

Il y a dans le latin *eam* (1) *effigiem* (nempe
Cereris) *sacerdos tanquam personam indutus,
statis, quæ initia majora appellantur, diebus popu-
lares patrio quodam ritu virgis cædit.* Il n'est pas
même ici question des Initiés, des Pénitens;
Pausanias n'en dit rien. Il y a dans le Grec,
» dans les grands Mystères, le Prêtre se revêt de
» cet (2) habillement, & prenant des baguet-
» tes, il en donne un certain nombre de coups

---

(1) Pausan. Arcad. *cap. XV, pag.* 630.
(2) C'étoit une espèce de masque qui représentoit Cérès.
Le Grec le dit positivement. » Le Prêtre se revêtant de ce
» masque.

» aux habitans du pays (1). Τοῦτο ὁ ἱερεὺς περιθέ-
μενος τὸ πρόσωπον ἐν τῇ μείζονι καλυμένῃ τελετῇ ῥάβδοις
κατὰ λόγον δή τινα τοὺς ἐπιχθονίους παίει.

On fait que ces Myftères, inftitués en l'honneur de Cérès, repréfentoient les recherches
qu'elle fit de fa fille Proferpine. Le furnom
d'ἀχθεία & d'ἀχαία (2) qu'on donnoit à cette
Déeffe, indique affez la douleur qu'elle ref-
fentoit de fa perte. On les établit ces Myftères
à Eleufis, parce que Cérès, laffe de fes perqui-
fitions, fe repofa en cet endroit; les Phénéates
(3) prétendent qu'ils furent inftitués chez eux
par la même raifon.

On portoit dans ces Myftères des flambeaux
allumés, parce que Cérès chercha Proferpine
à la lueur des flambeaux. Celui qui étoit chargé
de cette fonction s'appeloit Δαδοῦχος porte-

---

(1) M. l'Abbé Gédoyn a étrangement défiguré ce paffage. Voici comme il le traduit. » Le jour des Grands Myf-
» tères le Prêtre prend cette Image , il la met fur fes ha-
» bits , & prenant enfuite de petites baguettes, il en donne
» quelques coups aux Naturels du Pays, en fuivant un certain ordre. *Vol.* 2ᵈ. *pag.* 164.

(2) Voyez Hefychius aux mots ἀχαία & ἀχθεία. Meurfii
Eleufinia, *pag.* 60, & Potteri Archæologia græca , *pag.*
367.

(3) Paufan. *Lib. VIII*, *cap.* 14 & 15 , *pag.* 630.

flambeau. Arrien (1) , Suidas (2), Julius Pollux (3), & un grand nombre d'autres Auteurs en parlent.

Mais quel rapport y a-t-il entre la cérémonie de battre de verges les habitans d'un pays qui avoit fait accueil à Cérès , & les perquisitions de cette Déesse. Cela ne présente aucun sens raisonnable. Kuhnius y a remédié , en lisant en cet endroit ὑποχθονίους au lieu de ἐπιχθονίους , & il l'explique dans sa note : *Subterraneos, inferos, qui ejus filiam Proserpinam detinebant. At cum* ἐπιχθονίοις *nihil fuit Cereri.* Ainsi c'étoient les images des Dieux des Enfers qu'on frappoit, parce que ces Dieux retenoient Proserpine. Cela présente un sens raisonnable, mais M. l'Abbé est excusable de ne l'avoir point saisi. On sent assez qu'il n'est point initié dans les Mystères de la langue Grecque.

» C'étoient (les Juifs) des Esclaves , auxquels il n'étoit pas permis d'avoir *des armes.*
» Ils n'avoient pas le droit de forger le fer, pas
» même celui d'aiguiser chez eux les socs de

Philos. de l'Histoire, p. 211. (234.

______

(1) Arriani Dissertationes in Epictetum , *lib. III*, *cap.* 21 , *pag.* 440.
(2) Au mot δαδοῦχει.
(3) Onomast. *lib. I,* 135, *pag.* 24.

R 3

» leurs charrues , & le tranchant de leurs coi-
» gnées. Il falloit qu'ils allassent à leurs maîtres
» pour les moindres ouvrages de cette espèce ;
» les Juifs le déclarent dans le Livre de Samuel,
» & ils avouent qu'ils n'avoient ni épée, ni ja-
» velot, dans la bataille que Saül & Jonathas
» donnèrent à Bethaven contre les Phéniciens
» ou Philistins….. Il est vrai qu'avant cette
» bataille *gagnée sans armes ,* il est dit au Cha-
» pitre précédent, que Saül, avec une armée
» de trois cents trente mille hommes , défit en-
» tièrement les Ammonites ; ce qui semble ne
» se pas accorder avec l'aveu qu'ils n'avoient
» ni javelot, ni épée, *ni aucune arme.*

Réponse. La bataille de Bethaven fut gagnée sans épée
ni javelots, cela est très-vrai. Il n'y avoit point
en Israël de forgerons, & les Israëlites étoient
obligés de porter chez les Philistins les socs de
leurs charrues, leurs coignées, &c. pour les
aiguiser & leur donner le tranchant. *Porro faber*
ferrarius non inveniebatur in omni terra Israël.
Caverant enim Philisthiim , ne fortè facerent
Hebræi gladium aut lanceam. Descendebat ergo
omnis Israël ad Philisthiim , ut exacueret unus-
quisque vomerem suum , & ligonem , & securim , &
sarculum. Reg. Lib. I. Cap. 13. ℣. 19 & 20.

Mais de ce que les Juifs n'avoient ni épées, ni javelots, s'enfuit-il qu'ils n'euffent point d'autres armes. N'avoient-ils donc ni arcs, ni frondes ? & ne pouvoient-ils point à coups de flèches, & avec des pierres lancées d'un bras vigoureux, mettre en défordre les troupes ennemies, & la coignée à la main, achever ce que leurs traits avoient fi bien commencé ?

L'Abbé, s'imaginant avoir trouvé quelque chofe de victorieux, le repète, par une puérile affectation, jufqu'à trois fois en quelques lignes. »Ils n'avoient, dit-il, ni épée, ni javelot, » *ni aucune arme* ». Ce dernier membre eft un don qu'il fait généreufement à l'Ecriture, où l'on ne voit rien de pareil. Elle fe contente de dire, qu'il n'y avoit dans tout Ifraël que les épées & les javelots de Saül & de Jonathas ; mais fi elle garde le filence fur l'efpèce d'armes dont fe fervirent les Ifraëlites dans le combat, on ne doit point en conclure qu'ils n'en avoient d'aucune forte. Comme il ne paroît point qu'en cette occafion Dieu ait interpofé fa puiffance d'une manière furnaturelle, il faut penfer que les Ifraëlites eurent recours à des moyens humains, quoique l'Auteur Sacré n'ait pas jugé à propos de nous indiquer ceux dont

ils firent ufage. Or ces moyens ne peuvent être
que ceux dont on vient de parler.

Philof. de
p. 212.(235.)

» D'ailleurs les plus grands Rois ont eu ra-
» rement à la fois trois cents trente mille cóm-
» battans effectifs. Comment les Juifs, qui
» femblent errans & opprimés dans ce petit
» pays, qui n'ont pas une ville fortifiée, *pas*
» *une arme,* pas une épée, ont-ils mis en cam-
» pagne trois cents trente mille foldats?

R É P O N S E.

M. l'abbé eft étonné de ce que les Ifraëlites
mettent fur pied 330000 hommes; je le fuis
bien davantage de voir quelqu'un, qui paroît
avoir tant lu, ignorer que, dans les temps
anciens, tous les hommes, en âge de porter
les armes, étoient obligés de marcher à l'ennemi. M. l'Abbé a lu Hérodote. A-t-il donc
oublié le traitement barbare que fit Xerxès à
Pythius, grand Seigneur Lydien, qui l'avoit
reçu, lui & toute fon armée, avec la plus
grande magnificence. Ce Prince, enchanté de
la réception de Pythius, venoit (1) de contrac-
ter amitié avec lui. Ce Seigneur croyant l'occafion favorable, lui demanda, pour avoir foin

---

(1) Herodot. *lib. VII,* §. 29.

de sa vieillesse, l'aîné (1) de cinq enfans qui étoient à son service. Xerxès indigné fit mourir cet aîné, & crut faire grâce à ce père infortuné, en ne lui ôtant point la vie ni à ses quatre autres enfans. Je conclus de ce récit que tous les sujets de Xerxès, en âge de porter les armes, étoient obligés de servir, de quelque rang qu'ils fussent. Je pourrois apporter cent autre exemples pareils. Mais qu'est-il nécessaire d'en aller chercher dans l'Histoire Profane, lorsque la Sacrée nous en offre un dans l'endroit même que M. l'Abbé avoit sous les yeux?

Saül, apprenant que les Ammonites marchoient contre Jabes, ville du pays de Galaad, mit en pièces les bœufs avec lesquels il labouroit son champ, en envoya les morceaux par tout le pays, & menaça de traiter de même les bœufs de tous ceux qui ne se rendroient pas sous ses étendards. *Et assumens utrumque bovem, concîdit in frusta, misitque in omnes terminos Israël per manum nuntiorum, dicens : Quicumque non exierit, & secutus fuerit Saül & Samuël, sic fiet bobus ejus.* Reg. Lib. I. Cap. XI. ℣. 7.

---

(1) Herodot. *lib. VII*, §. 38 & 39.

Bien loin d'être surpris , après une telle menace, que Saül ait eu une armée de 330000
hommes , on auroit plutôt lieu de l'être , qu'elle
n'ait pas été plus nombreuse. Mais il faut se
rappeler que la puissance de Saül n'étoit pas
encore bien affermie , & qu'il y avoit une partie
de la nation qui ne l'avoit pas encore reconnu
pour Roi. *Filii verò Belial dixerunt: Num salvare
nos poterit iste (Saül) ? & despexerunt eum , &
non attulerunt ei munera : ille vero dissimulabat se
audire.* Reg. Lib. I. Cap. X. ℣. 27. & c'est cette
partie de la nation que ceux qui avoient suivi
Saül , vouloient mettre à mort après leur vic-
toire sur les Ammonites. *Et ait populus ad
Samuëlem : qui est iste qui dixit : Saül num regna-
bit super nos? date viros , & interficiemus eos.* Ibid.
Cap. XI. ℣. 12.

Philos. de l'Histoire , p. 214. (237.) » Ils demandent comment Pharaon pût
» poursuivre les Juifs avec une cavalerie nom-
» breuse , après que tous les chevaux étoient
» morts dans la cinquième & sixième plaie.

Réponse. Voici le passage entier , *ecce* (1) *manus mea
erit super agros tuos : & super equos , & asinos ,
& camelos , & boves & oves , pestis valdè gravis.*

---

(1) Exod. *cap. IX* , ℣. 3.

Fecit (1) *ergo Dominus verbum hoc altera die :*
mortuaque sunt omnia animantia Ægyptiorum.

Dans la cinquième plaie, la main du Seigneur s'étend sur l'Egypte, & la plus grande partie des chevaux & du bétail périt. C'est ainsi qu'il faut expliquer cet endroit : *mortua sunt omnia animantia Ægyptiorum.*

Si on prenoit à la lettre cette façon de parler, il en résulteroit une absurdité palpable, puisqu'aux versets 9, 10, 19, 20, &c. du même chapitre, il est encore fait mention du bétail. S'il n'en étoit parlé que dans un Chapitre éloigné de celui-ci, je ne serois point surpris qu'une pareille contradiction eût pu échaper à la plupart des Lecteurs. Mais elle se trouve ici dans le même Chapitre & trois versets seulement plus bas. Ce n'est pas une fois, & pour ainsi dire en passant; elle y est répétée jusqu'à sept fois dans le même Chapitre. En bonne foi, quand même on supposeroit les Juifs cent fois plus bornés qu'ils ne l'étoient en effet, peut-on serieusement penser qu'ils ne se fussent pas aperçus d'une pareille contradiction, si elle eût été réelle, & qu'ils n'y eussent point

____

(1) Exod. ỳ. 6.

apporté de remède. Il y a cent expreſſions pareilles dans toutes les langues, ſoit anciennes,
ſoit modernes. On dit tous les jours, il n'y a
point eu de vin cette année. Ce n'eſt pas qu'il
n'y en ait point eu du tout, mais qu'il y en a eu
en moindre quantité que les années précédentes. On ſeroit ridicule, ſi l'on entendoit cela
littéralement. D'ailleurs, c'eſt une règle en critique, qu'il faut expliquer les endroits obſcurs
d'un Auteur par ceux qui ſont plus clairs. Cette
règle qu'on admet à l'égard des Auteurs profanes, pourquoi la rejeteroit-on, loſqu'il s'agit
des Livres Saints ?

Ce qui prouve qu'il ne faut pas trop preſſer
la lettre, c'eſt que, dans la ſixième plaie, il eſt
fait mention des ulcères que Dieu envoya aux
hommes & au bétail. Monſieur l'Abbé ſemble
lui-même reconnoître, que tous les chevaux
n'étoient pas morts dans la cinquième plaie,
puiſqu'il ſuppoſe que les chevaux que n'avoit
point emportés cette cinquième plaie, périrent
dans la ſixième. Mais il ſe trompe ; cette plaie
ne cauſa la mort ni aux hommes, ni aux animaux : du moins l'Ecriture n'en parle pas. Elle
les incommodoit ſeulement beaucoup, &
c'étoit une raiſon ſuffiſante pour que les
Egyptiens ſouhaitaſſent de s'en voir délivrés.

Nec (1) *poterant malefici stare coram Moyse propter ulcera quæ in illis erant, & in omni Terrâ Ægypti.*

Il y avoit encore des chevaux en Egypte, lors de la septième plaie, & la grêle fit périr ceux qu'on avoit envoyés aux champs : *Et* (2) *percussit grando in omni Terrâ Ægypti cuncta quæ fuerunt in agris ab homine usque ad jumentum.* Ceux au contraire, qu'on avoit eu la précaution de tenir renfermés dans les maisons, y trouvèrent un asile : *Qui timuit* (3) *verbum Domini de servis Pharaonis, fecit confugere servos suos & jumenta in domos.*

Il est si peu vrai que tous les chevaux eussent été détruits dans les plaies précédentes, qu'il en est encore parlé dans la dixième, où le Seigneur frappa de mort tous les premiers nés des Egyptiens & des animaux. *Factum* (4) *est autem in noctis medio, percussit Dominus omne primogenitum in Terrâ Ægypti, à primogenito Pharaonis, usque ad primogenitum captivæ quæ erat in carcere,* & omne primogenitum jumentorum.

---

(1) Exod. *cap. IX,* ⅄. 11.
(2) Ibid. ⅄. 25.
(3) Ibid. ⅄. 20.
(4) Ibid. *cap. XII,* ⅄. 29.

Philof. de
l'Hiftoire ,
p.214.(237.)

»Ils demandent pourquoi fix cents mille com-
» battans s'enfuirent , ayant Dieu à leur tête »

Réponse.   Ils étoient fortis de l'Egypte avec l'agrément,
quoique forcé , de Pharaon. *Vocatifque* (1)
*Pharao , Moyfe & Aaron nocte , ait : Surgite &
egredimini à populo meo , vos & filii Ifrael : ite ,
immolate Domino , ficut dicitis.*

*Oves veftras & armenta affumite , ut petieratis ,
& abeuntes benedicite mihi.*

Ils ne s'enfuyoient pas , ils alloient prendre poffeffion du pays que le Seigneur leur
avoit donné. Si on leur voit témoigner de
la crainte à la vue de l'armée qui les pour-
fuivoit , on ne doit pas en être furpris. La
fervitude leur avoit abattu le courage , & il
ne falloit pas moins qu'une multitude de pro-
diges pour le leur relever , & pour les engager
à fecouer le joug. D'ailleurs , 1.° les Egyptiens
étoient fans doute bien armés , & les Juifs ne
pouvoient l'être ; les Egyptiens ne leur permettant point d'avoir des armes , de crainte
qu'ils ne les tournaffent contr'eux. 2.° Les Egyptiens tenoient les Juifs renfermés entre la mer
& des rochers impraticables. Dans une pareille
pofition , ils fe voyoient fans reffource , & s'at-

____

(1) Exod. *cap. XII,* ℣. 31, 32.

tendoient à tout inſtant à périr de faim, ou par le fer d'un ennemi, que les plaies précédentes n'avoient fait qu'aigrir. 3.° Ils avoient, il eſt vrai, le Seigneur à leur tête. Mais Dieu ne vouloit pas détruire les Egyptiens par les armes des Juifs, de crainte, ſans doute, que ce peuple charnel ne s'en attribuât la gloire. Il avoit lui-même conduit les Juifs dans ces défilés étroits, d'où ſa main ſeule pouvoit les ſauver, afin de leur apprendre à mettre en lui toute leur confiance, & à ne jamais déſeſpérer dans les épreuves même les plus cruelles, & afin de manifeſter ſa puiſſance de la manière la plus éclatante.

» Ils demandent encore pourquoi Dieu ne » donna pas la fertile Egypte à ſon peuple chéri, » au lieu de le faire errer quarante ans dans » d'affreux déſerts? *Philoſ. de l'Hiſtoire,* p. 214.(238.)

Ver de terre! du tas de boue où tu rampes, tu veux t'élever juſqu'à l'empyrée, & percer l'immenſité des vues du Très-Haut! tu veux fonder les abîmes de ſes jugemens, & pour m'exprimer avec Pope, tu veux juger ſa juſtice, être le Dieu de Dieu : RÉPONSE.

(1) *Re-judge his juſtice, be the God of God.*

» Lorſque ſaint Paul cite ce vers d'un Poëte *Philoſ. de l'Hiſtoire,* p. 237.(263.)

____

(1) Eſſay on Man. *Epiſt.* 1ſt. *vers.* 122.

» Grec, Aratus : tout vit dans Dieu, tout fe-
» meut, tout refpire en Dieu, il donne à ce
» Poëte le nom de Prophète. Actes des Apôtres.
» *Chap.* 17.

RÉPONSE. Nous avons diftingué plus haut dans M. l'Abbé
Bazin, le Compilateur, le Plagiaire & le Poëte.
Voudroit-il, à la faveur de ce dernier perfonnage, fe donner ici pour un Prophète. J'y
confens très-volontiers ; je le prie cependant
de ne point perdre de vue ce que dit Euripide
des Prophètes de fa nation. » Je vois (1) com-
» bien font vains & pleins de menfonges les
» Oracles des Prophètes.

Et ce vers ci du même Auteur : » Toute (2) la
» race des Prophètes eft mauvaife & avide de
» gloire.

Je lui confeille auffi d'avoir recours à une
autre autorité qu'à celle de Saint Paul. Cet
Apôtre ne donne point à Aratus le nom de
Prophète, mais celui de *Poëte*, ou plutôt il fe
contente de dire : *quelques-uns* de vos Poëtes,
fans en fpécifier aucun. Il eft vrai qu'on fait
qu'il a voulu parler d'Aratus ; mais ce que cite

---

(1) .... Ἀλλά τοι τὰ Μάντεων
Ἐσειδον, ὡς φαῦλ' ἐςὶ, καὶ ψευδῶν πλέα.
Helen. vers. 750.

(2) Τὸ μάντικον πᾶν ςπέρμα, φιλότιμον κακόν.
Iphig. in Aulid. Vers. 520.

M.

M. l'Abbé, comme étant de ce Poëte, est certainement de saint Paul, & il a omis le commencement du vers d'Aratus (1) rapporté par cet Apôtre. Voyons le passage entier.

» Car (2) c'est en (3) lui que nous vivons,
» que nous nous mouvons, & que nous sommes :
» & comme quelques-uns de vos Poëtes l'ont
» dit, nous sommes même tous ses enfans.

La Vulgate l'a très-bien rendu : *In ipso enim vivimus, movemur, & sumus : sicut & quidam vestrorum* Poëtarum *dixerunt* : ipsius enim & genus sumus.

» Il est incontestable que les plus anciennes
» Annales du monde sont celles de la Chine.
» Ces Annales se suivent sans interruption,
» toutes circonstanciées, toutes sages, sans
» aucun mélange de merveilleux, toutes ap-

Philos. de l'Histoire, p. 293. (324.)

---

(1) Ce que cite S. Paul est le commencement du cinquième Vers des Phénomènes d'Aratus.

(2) Ἐν αὐτῷ γὰρ ζῶμεν, καὶ κινούμεθα, καὶ ἐσμέν· ὡς καί τινες τῶν καθ' ὑμᾶς ποιητῶν εἰρήκασι· τοῦ γὰρ καὶ γένος ἐσμέν. Act. Apostol. cap. 17. ɣ. 28.

(3) Le respect pour les Traductions auxquelles nous sommes accoutumés, m'a empêché de traduire autrement; sans cela j'aurois mis, *car c'est par lui, &c.* Le Grec le peut très-bien signifier, & cela me paroît s'accorder beaucoup mieux avec ce qui suit. *C'est par lui que nous vivons, que nous sommes. Car nous sommes tous ses enfans.*

S

» puyées ſur des obſervations aſtronomiques,
» depuis quatre mille cent cinquante-deux ans.
» Elles remontent encore pluſieurs ſiècles au-
» delà, ſans dates préciſes, à la vérité, mais avec
» cette vraiſemblance qui ſemble approcher de
» la certitude.

RÉPONSE. Il y a pluſieurs ſyſtèmes de Chronologie, qui tous ont l'Ecriture pour baſe. Les uns ſuivent l'Hébreu, les autres le Samaritain, d'autres les Septante. La verſion des Septante ſuppoſe le monde plus ancien que le texte Hébreu. Suivant cette Verſion, le Déluge eſt arrivé l'an du monde 2255, & Jéſus-Chriſt eſt né l'an 5634. L'Hébreu met le Déluge en 1656, & la naiſſance de Jéſus-Chriſt en 4184. Simſon (1), le

---

(1) Simſon, le Père Pétau & Vecchieti placent avec l'Hébreu le Déluge en 1656. Mais Simſon ſuppoſe la naiſſance de Jeſus-Chriſt l'an 4003 ; le Père Pétau, l'an 3983 ; & Vecchieti en 3950. Si à ces années vous ajoutez 1765, temps depuis la naiſſance de Jeſus-Chriſt juſqu'à celui où l'Abbé écrivoit ceci, vous aurez ſuivant Simſon 5768 ans, ſuivant Pétau 5748 ans, & 5715 ſuivant Vecchieti. Déduiſez maintenant, 1.º 4152 ans d'antiquité inconteſtable que l'Abbé attribue à la Chine ; 2.º 1656 qui ſont les années avant le Déluge, & il ſe trouvera que ces annales inconteſtables remonteront, ſuivant le ſyſtême de Simſon, 40 ans avant le Déluge, ſuivant celui du P. Pétau 60 avant cette époque, & 93 ſi on s'en rapporte à celui de Vecchieti.

Que ſeroit-ce donc, ſi l'on ajoutoit les ſiècles qui n'ont

P. Pétau & Vecchieti donnent encore moins d'ancienneté au monde. Je laisse à part ces divers systêmes, & ne m'arrête qu'à celui qui est fondé sur la Version des Septante, parce que c'est celui qui fait le monde plus ancien.

Suivant cette Version, depuis le commencement du monde jusqu'en 1765, temps où écrivoit l'Abbé, nous avons 7399 ans. Si l'on retranche maintenant, 1.° 4152 ans qui se trouvent sans aucune interruption dans les Annales de la Chine; 2.° 2255, qui sont les années avant le Déluge, il s'ensuivra que cet Empire subsistoit dans l'état où nous le voyons 992 ans après le Déluge.

Mais comme les Annales de cet Empire remontent plusieurs siècles au-delà, *sans dates précises,* à *la vérité, mais avec cette vraisemblance qui semble approcher de la certitude,* on se trouvera peu éloigné du Déluge.

Ce n'est point tout: « l'Histoire (1) d'une « Nation ne peut jamais être écrite que fort « tard; on commence par quelques Registres

---

pas le même dégré de certitude, & le long espace de temps qu'il a fallu, avant que cette Nation commençât à écrire son Histoire: On se rapprocheroit alors du commencement du monde, ou même on iroit par-delà.

(1) Philosophie de l'Histoire, pag. 294, (321.)

S 2

» très-sommaires , qui sont conservés , autant
» qu'ils peuvent l'être , dans un Temple ou dans
» une Citadelle. Une guerre malheureuse dé-
» truit souvent ces Annales, & il faut recom-
» mencer vingt fois, comme des fourmis dont
» on a foulé aux pieds l'habitation ; ce n'est
» qu'au bout de plusieurs siècles, qu'une His-
» toire un peu détaillée peut succéder à ces
» Regiftres informes ; & cette première His-
» toire est toujours mêlée d'un faux merveil-
» leux, par lequel on veut remplacer la vérité
» qui manque. Ainsi les Grecs n'eurent leur
» Hérodote que dans la quatre - vingtième
» Olympiade, plus de mille ans après la pre-
» mière époque, rapportée dans les Marbres
» de Paros. Fabius Pictor, le plus ancien His-
» torien des Romains, n'écrivit que du temps
» de la seconde guerre contre Carthage, envi-
» ron 540 ans après la fondation de Rome.

Mais comme l'Hiftoire d'un peuple ne peut
commencer à être écrite que bien des siècles
après qu'il est rassemblé en corps ; qu'il fallut
aux Grecs plus de mille ans , & aux Romains
près de six siècles, avant que d'avoir un Historien , il s'enfuit que les Chinois , dont les Annales remontent aux temps voisins du Déluge,
étoient formés en corps de nation long-temps

avant cette époque. Voilà la cause de la pré-
dilection de nos petits Philosophes pour les
antiquités de cet Empire. Ils croient décréditer
l'Ecriture & renverser la Religion dont elle est
la base. Assise sur un roc, les vagues de la mer
peuvent quelquefois la couvrir, mais jamais
l'ébranler. *Et portæ inferi non prævalebunt adversus eam.* Math. Cap. XVI, ℣. 18.

Mais cette antiquité, qu'on fait sonner si
haut, est-elle fondée, & peut-on en apporter
des preuves incontestables ? Il faudroit un volume pour discuter avec soin ce qui concerne
la Chronologie Chinoise, & les bornes de ce
petit Ouvrage ne me permettent pas de m'é-
tendre autant que l'exige l'importance de la
matière. Contentons-nous de jeter des doutes
sur cette haute antiquité. M. l'Abbé pourra
recourir à ceux qui ont traité ce sujet *ex pro-
fesso.*

La Chine étoit peu connue des Anciens.
le Christianisme (1) y pénétra dès les premiers
siècles ; & même vers l'an 337 de Jésus-Christ,
les Chrétiens devoient y être en grand nombre,

______

(1) Recherches sur les Chrétiens établis à la Chine dans
le VII Siécle, par M. de Guignes. Mémoires de l'Académie des Belles-Lettres, *vol. XXX*, *pag.* 818.

puifqu'un Bonze du Ta-tfin, c'eft-à-dire, fujet
de l'Empire Romain, s'étant mis à leur tête,
voulut fe faire déclarer Empereur. Mais quelle
qu'en foit la caufe, le nombre des Chrétiens
diminua, & leur Religion dégénéra en un culte
idolâtre, & fe trouva confondue avec la Religion Indienne.

Dans le feptième fiècle, les Neftoriens établirent en Chine une nouvelle Miffion. Une
Croix avec une Infcription, partie en caractères Chinois, partie en caractères Syriens ma-
jufcules, qu'on découvrit en 1625, en creufant
dans un village près de Siganfou, capitale de
la province de Chenfy, le prouve d'une manière inconteftable. M. de la Croze répandit
quelques doutes fur ce Monument, & l'attri-
bua à une fraude pieufe des Miffionnaires Jéfuites. M. de Guignes y a répondu d'une manière victorieufe. On peut confulter fon Mémoire dans le volume XXX, des Mémoires de
l'Académie des Infcriptions. Cependant le Chrif-
tianifme ne fe foutint pas long-temps à la Chine;
& lorfque nos Miffionnaires pénétrèrent dans
cet Empire, ils n'y en remarquèrent aucun
veftige.

Ce n'eft que depuis cette dernière époque
que l'on a commencé à connoître ce vafte pays.

Nos voyageurs, étonnés de trouver à l'extrémité de l'Orient un peuple fi policé, furent d'abord faifis d'admiration à la vue de fes Annales, qui remontent, peu s'en faut, jufqu'au déluge. On y ajouta d'autant plus de confiance, qu'elles ont un air de fimplicité & de candeur, qui paroît le fceau de la vérité, & que les faits que l'on y raconte, y font toujours accompagnés d'obfervations aftronomiques, qui femblent en conftater l'authenticité. Mais peu à peu on a lû ces Annales en critiques éclairés, & fi, après en avoir fait une étude férieufe & approfondie, l'on eft refté perfuadé que cette nation étoit très-ancienne, on ne s'eft plus laiffé impofer par les fables qu'on rencontre dans fon Hiftoire. On y a remarqué de fauffes obfervations aftronomiques, dont les Mathématiciens Chinois convenoient eux-mêmes, & l'on a vu que le nombre des véritables n'étoit pas auffi confidérable qu'on le fuppofoit. La fameufe conjonction des Planetes, arrivée fous le (1) règne de Tchouen-hio, plus de deux mille cinq cents ans avant Jéfus-Chrift s'eft trouvée fauffe. Le P. Gaubil, favant Miffionnaire Jéfuite, décou-

---

(1) Mémoires de l'Académie des Sciences pour l'année 1759. Hift. *pag.* 44.

vrit dans un livre Chinois, qu'il ne falloit pas prendre à la lettre cette conjonction, & qu'elle étoit fuppofée. On aperçoit dans l'Hiftoire Chinoife plufieurs autres conjonctions fauffes, furtout au renouvellement ou au changement de Dynafties. Il arriva, dit le même P. Gaubil, une conjonction de quelques Planetes, la fecon- année du règne de l'Empereur, qui étoit fur le trône, dans le temps que le P. Parennin & M. de Mairan s'écrivoient refpectivement fur la Chine, c'eft-à-dire, en 1728. Cela fuffit aux Mandarins, pour en faire une de cinq Planetes en faveur du nouveau règne. On en fit des complimens à l'Empereur, qui, flatté d'une pareille conjonction, en témoigna fa gratitude au Tribunal des Mathématiques.

C'eft en vain que l'on objecteroit les obfer- vations des éclipfes, & qu'on feroit fonner fi haut que les Chinois ont joint l'Hiftoire du Ciel à celle de la Terre, & qu'ils ont ainfi juf- tifié l'une par l'autre. Prefque tous les monu- mens (1) ayant été détruits par Tfin-chi-hoang, ces obfervations ne peuvent avoir été faites

---

(1) Voyez la Lettre de M. de Guignes aux Auteurs du Journal des Savans, *tom. IV* de l'Hiftoire Générale des Huns, *pag.* 350.

que fur des traditions incertaines & dans des temps bien poftérieurs à ceux qu'on indique.

Après ces preuves de fuppofition de la part des Aftronomes Chinois, que penfer d'époques fondées fur de pareilles obfervations ? cela ne diminue-t-il pas la haute idée qu'on en avoit conçue? & n'eft-on pas en droit, en lifant les Annales de cet Empire , de mettre de côté toutes ces obfervations , fruit de la flatterie des Mathématiciens contemporains , ou de l'im-pofture de ceux qui font venus dans des fiècles poftérieurs ? n'eft-on pas en droit d'examiner l'authenticité de ces Annales , de les difcuter, & de ne rien admettre qu'après un examen réfléchi ?

L'ancienne Hiftoire de la Chine eft auffi incertaine que celle des grands Empires , de l'Affyrie , de la Médie , de l'Egypte , &c. Elle n'eft détaillée que depuis environ la 145ᵉ Olym-piade , c'eft-à-dire, 200 ans avant Jéfus-Chrift, elle n'offre avant la quatre-vingt-quinzième Olympiade , qu'une fucceffion de Princes & des événemens fecs , décharnés & fans détails. » Hérodote (1), dit M. de Guignes , renferme

---

(1) Lettre aux Auteurs du Journal des Savans, *tom. IV* de l'Hiftoire Générale des Huns , &c. par M. de Guignes, *pag.* 348.

» beaucoup plus de faits que toute l'Histoire
» Chinoise, depuis la fondation de l'Empire
» jufqu'à l'an 400 avant Jéfus-Chrift ; & il feroit
» à defirer que ces anciennes Annales fuffent
» auffi étendues que celles de l'Auteur Grec.

Ces Annales, que des Ecrivains modernes
veulent nous faire regarder comme des pièces
authentiques, fe contredifent continuellement.
» Suivant (1) quelques Auteurs, un Prince
» règne 13 ans, fuivant d'autres, 7 ; un autre,
» 18 ou 58 ; un autre, 21 ou 8 ; un autre 19 ou
» 7 ; un autre, 25 ou 6, &c. fuivant les Auteurs
» différens..... On voit des interrègnes de 2,
» de 3 & de 26 ans, où d'autres n'en mettent
» point..... On donne 30 années de règne à
» un Prince, que l'on dit contemporain d'un
» autre, & pour trouver cette contemporanéi-
» té, il faut y fubftituer un cycle de 60 ans.
» *On trouve* deux Princes, defcendus l'un &
» l'autre du même ancêtre, le premier à la
» treizième génération, le fecond à la feizième,
» *& qui* font cependant éloignés l'un de l'au-
» tre d'environ 600 ans ; Chun defcend de

____

(1) Lettre aux Auteurs du Journal des Savans, *tom. IV*
de l'Hiftoire Générale des Huns, &c. par M. de Guignes,
pag. 349. Cet Académicien s'exprime avec tant de précifion, que j'ai cru devoir le laiffer parler.

» Tchuen-hio, à la sixième génération, *& cepen-*
» *dant on le fait* régner avant Yu, qui descend
» du même Prince à la quatrième génération.

De pareils écrits ne peuvent mériter notre
confiance. » Le Tchun-tchieou (1), composé
» par Confucius…… ne remonte pas au-delà de
» l'an 722 avant J. C., *c'est-à-dire , de 32 ans*
» *après la fondation de Rome.* Quelle obscurité
» & quelle confusion dans tout ce qui précède
» cette époque, & à quels monumens peut-on
» avoir recours? il n'en existe aucun. Le Chou-
» king, qui est plus ancien , ne contient que
» quelques événemens détachés & sans-chro-
» nologie. Le Tsou-chou , dont l'autorité est
» contestée par les Chinois eux-mêmes , & qui
» a été composé vers l'an 300 avant Jésus-Christ,
» n'est, pour ainsi dire, qu'une table chronolo-
» gique ; le Tchun - tchieou de Confucius n'est
» qu'une petite chronique fort sèche ; le Chi-
» pen est très-court. Voilà tous les monumens
» Chinois. De-là il résultera toujours une grande
» variété dans les sentimens des Chronologistes
» sur la durée de l'Empire Chinois, & il est

---

(1) Lettre aux Auteurs du Journal des Savans, *tom.* **IV**
de l'Histoire Générale des Huns , &c. par M. de Guignes ,
pag. 351.

» évident qu'on ne peut en établir une qui soit
» véritable. Les Chinois font affez fages pour
» en convenir eux-mêmes.

Ce n'eſt point affez d'avoir enlevé aux Annales de la Chine une partie de l'autorité qu'on
leur attribue, il faut encore faire voir que cet
Empire eſt plus moderne qu'on ne le penfe
communément. C'eſt ce qu'a fait auſſi avec
fuccès le même M. de Guignes, dans un Mémoire où il prouve que les Chinois font une
colonie Egyptienne. En voici le précis.

Ce favant Académicien prouve d'abord avec
autant de netteté que de folidité, qu'il y avoit
une grande conformité entre les langues Egyptienne & Chinoiſe. Il l'établit fur l'identité de
configuration & de fignification d'un très-grand
nombre de caractères en uſage parmi ces deux
Peuples. Les Egyptiens (1) ont, au rapport
de Porphyre, trois efpèces de Lettres. Les
Epiſtoliques, les Hieroglyphiques & les Sym-
boliques. On retrouve les mêmes caractères
parmi les Chinois. En (2) analyſant ces carac-

____

(1) Mémoires de l'Académie des Belles - Lettres, *vol.*
XXIX, Mém. *pag.* 12.

(2) M. l'Evêque de Gloceſter, dans une longue Note
(Divine Legation of Moſes, *vol.* 3ᵈ. *pag.* 98.) qu'il a faite
contre le fyſtême de M. de Guignes, prétend que les Ca-

tères, M. de Guignes fait voir que la langue Chinoise contient un très-grand nombre de mots Egyptiens. Cela est exposé avec tant de clarté qu'on ne peut se refuser aux preuves qu'il en apporte.

D'après cette analyse, il trouve que Yu (1), Ki, Kang, Tchong, Siang, &c. qu'on regarde

---

ractères Chinois & les Alphabets Orientaux sont également composés de lignes droites & courbes diversement combinées ; de sorte qu'en décomposant un Caractère Chinois, il est impossible de n'y point trouver, c'est-à-dire, de ne point imaginer les lettres alphabétiques Orientales dont le Déchiffreur a besoin.

Le Docteur Warburton ne me paroît pas avoir bien saisi ce que dit M. de Guignes des Caractères Chinois. Je l'invite à relire avec attention la Dissertation de ce Savant, qui prétend au contraire qu'en analysant les Caractères Chinois, on ne peut apercevoir entre ces Caractères & les Lettres alphabétiques Orientales d'autre conformité que celle dont il a fait mention. Le Docteur Warburton auroit bien dû prouver que les Caractères Chinois qu'a décomposés M. de Guignes, étoient susceptibles de combinaisons arbitraires, & que c'étoit mal-à-propos que ce savant Académicien s'étoit décidé pour celles qu'il a adoptées. Mais ce n'est pas là l'opération de M. de Guignes. Chaque Caractère Chinois est composé de trois parties élémentaires qui ne peuvent & ne doivent être décomposées. Ce sont ces parties que M. de Guignes prend pour des Lettres Orientales. M. l'Evêque de Glocester s'est trop pressé de critiquer un sentiment pour lequel il faut connoître la nature des Caractères Chinois.

(1) Yu est le premier Empereur de la première Dynastie. On place le commencement de son Règne vers l'an 2207 avant J. C.

comme les cinq premiers Empereurs de la Chine, ne font autres que (1) Menès, Athothès, Diabiès, Pemphos, Amachus, qui, fuivant Eratofthène, font les premiers Rois de Thebes en Egypte.

M. de Guignes conclud delà que les Chinois ont emporté avec eux les Annales des Egyptiens, & qu'ils ont placé, à la tête de leurs Dynafties, des Princes qui n'avoient régné qu'en Egypte. L'Hiftoire de la Chine vient à l'appui de cette conféquence. Sous Yao, qui régnoit avant Yu, c'eft-à-dire, avant Menès, toute la Chine étoit connue, & fes habitans étoient policés; cependant quinze fiècles après, la plus grande partie de la Chine paroît encore barbare. Comment concilier une pareille contradiction? Rien de fi aifé dans le fyftême de M. de Guignes. Yao eft un Prince Egyptien, & l'Hiftoire attribue à la Chine, ce qui n'étoit dit que du pays où régnoit ce Prince, c'eft-à-dire, de l'Egypte. Cette barbarie qu'on remarque en Chine, environ quinze fiècles après Yao, s'explique auffi très-bien. On voit dans les

---

(1) Voyez les Mémoires de l'Académie des Belles-Lettres, *vol. XXIX*; Mém. *pag.* 241.

Annales de cet Empire, que vers l'an (1) 1122 avant Jésus-Christ, un Prince partagea ce pays entre ses Généraux, lesquels ayant rassemblé les barbares qui en occupoient les diverses contrées, leur donnèrent des loix & les civilisèrent. Qui pourroit à ces traits méconnoître (2) l'origine & la formation d'un Empire ? Ces peuples, qui se partagent la Chine & qui la policent, ne peuvent être que les Egyptiens, après les preuves qui se tirent de leur langue & de leurs usages. On peut encore ajouter que (3) l'ancienne année Chinoise est la même que celle des Egyptiens.

Cette émigration des Egyptiens a beaucoup de rapport avec l'expédition de Sésostris, qui soumit les peuples au - delà du Gange, & qui pénétra jusqu'à l'Océan Oriental (4). Du moins on ne voit point dans l'Histoire d'autre Prince à qui cela puisse convenir ; l'expédition d'Osiris ayant trop l'air d'une fable, & d'ailleurs étant trop reculée.

---

(1) Le Père Gaubil, savant Missionnaire Jésuite, marque dans sa Chronologie, que l'année 1122 est la première de la Dynastie de Tcheou, & que Vouvang, qui en étoit le Chef, fit de grands établissemens en Chine.

(2) Mémoires de l'Académie des Belles-Lettres, *vol.* 29, *Mém. pag.* 24.

(3) Ibid.

(4) Diodor. Sicul. *lib. I, vol.* 1, *pag.* 64.

Ce n'eſt après tout qu'une conjecture, mais qui a beaucoup de vraiſemblance.

M. d'Origny attribue pareillement à Séſoſtris la fondation de l'Empire Chinois : »Diodore, » dit-il (1), qui a parlé des anciens habitans » de la Chine, en fait juger ainſi, lorſqu'il dit » que Seſoſtris, vers l'an du monde 2520, ayant » pénétré juſqu'à l'Océan oriental, avoit fait la » conquête de la Chine, & y avoit conſtruit ou » plutôt fortifié des Villes où il laiſſa des Gou- » verneurs avec de très-petits détachemens de » ſon armée.

M. d'Origny apporte pour garant de ſon opinion, l'Egypte ancienne, qui eſt un autre ouvrage de ſa compoſition. Je ne doute point du mérite & de l'érudition de M. d'Origny : mais au lieu de ſe citer lui-même, il me ſemble qu'il auroit dû mettre en marge le livre & la page de Diodore de Sicile, où ſe trouvoit un paſſage auſſi important. J'oſe aſſurer qu'on le cherchera inutilement en cet Auteur. On y lit ſeulement que »Séſoſtris (2), s'avançant lui- »même avec ſes forces, ſubjugua toute l'Aſie.

---

(1) Chronologie des Rois du grand Empire des Egyptiens, *vol. II, pag.* 248, *ligne dernière.*

(2) Diodor. Sicul. *vol. I, lib.* 1, *pag.* 64.

» Car

» Car non-ſeulement il attaqua les pays qu'A-
» lexandre de Macédoine ſoumit depuis à ſon
» Empire, mais encore des contrées où ce Con-
» quérant ne pénétra point. Il paſſa en effet le
» Gange, & parcourut toute l'Inde juſqu'à
» l'Océan, & les Scythes juſqu'au Tanaïs, qui
» ſépare l'Europe de l'Aſie ». Il n'y a point en
tout ce paſſage le moindre mot de la Chine, ni
des villes que Séſoſtris y conſtruiſit, ou qu'il y
fortifia, & des Gouverneurs & des détachemens qu'il y laiſſa.

On trouve encore un fait dans les Annales
de cet Empire, qui prouve que les Chinois ne
ſont point Autochthones, mais qu'ils ſont venus de dehors, & qu'ils ont conquis ce pays.
Il ſubſiſte (1) dans les montagnes de la Chine
une Nation Barbare appelée Miao-ſſe, que les
Chinois n'ont jamais pu ſoumettre, & qui fait
continuellement des courſes ſur eux. Ce peuple, inconnu aux Chinois, paroît être un reſte
des anciens ſauvages du pays, qui à l'arrivée
des Egyptiens, ſe retirèrent dans les montagnes, où ils ont conſervé juſqu'à préſent leur
indépendance. Il en eſt à peu-près de même

---

(1) Mémoires de l'Académie des Belles-Lettres, *vol.*
XXIX, Mém. *pag.* 24.

T

des anciens Bretons, qui pouſſés par les Conquérans qui ravageoient leur pays, cherchèrent un aſile dans les montagnes de la Prin-
cipauté de Galles, où ils reſtèrent libres juſques
vers l'an 1283, au milieu des révolutions qui
affligèrent ſi fréquemment le reſte de l'île.

Je n'ai préſenté ici que quelques traits du
Mémoire de M. de Guignes. J'invite tous les
amateurs du vrai à le lire avec attention. Il eſt
bien propre à les faire revenir de leurs préjugés, s'ils s'étoient laiſſé ſéduire par les Annales de la Chine. Ç'a été auſſi le but que je me
ſuis propoſé en traçant cette foible eſquiſſe.

Dans le Mémoire dont on vient de voir l'A-
nalyſe, M. de Guignes avoit préſenté quelques
traits de conformité entre l'Ecriture Egyptienne
& la Chinoiſe. En examinant les choſes de plus
près, ce qui n'étoit d'abord qu'une conjecture
heureuſe, eſt devenu quelque choſe de réel.
Ce Savant a découvert que les Chinois tiennent leur écriture entière des Egyptiens, ce
qui entraîne toute leur légiſlation, dont ils
doivent être également redevables aux Egyptiens.

M. de Guignes a développé cela dans un
Mémoire qu'il a lu en 1766 à l'Académie. Il
ſeroit bien à deſirer qu'il pût paroître dans les

deux premiers volumes de l'Académie, actuellement sous presse.

L'érudition & le goût, les grâces & le Savoir ne vont guères ensemble. On diroit que M. l'Abbé a su les réunir. Entre ses mains les épines deviennent des fleurs, & l'on seroit presque tenté de croire que, maître de son sujet, il n'en prend que ce qui peut contribuer à l'agrément & à l'instruction des Lecteurs. Si M. l'Abbé avoit su en effet allier de si beaux talens, je me joindrois avec plaisir à la foule de ses adorateurs. J'ai voulu dessiller les yeux des gens, qui entraînés par les charmes du style, & qui ne s'étant point rendus familière la lecture des Anciens, ne sont pas assez sur leur garde.

Si M. l'Abbé se rend justice, s'il est de bonne foi, il conviendra qu'il ne possède aucune des langues qui sont la base de l'Erudition, & sans lesquelles on ne peut faire un pas dans l'Antiquité ; qu'il parle de l'Histoire Ancienne, en homme qui n'a pu la lire dans les sources ; & qu'il n'a pas la plus légère teinture de la Chronologie. Il doit reconnoître aussi que de gaieté de cœur, ou par ignorance, il a prêté à l'Ecriture des contradictions qui n'y sont point ; que, sans en avertir, il a pris dans MM. Bochart,

T 2

Huet, Warburton,&c. le peu de bonnes choses qui se trouvent dans son ouvrage, & que le plus souvent il n'a point entendu ces grands hommes.

Les bornes que je me suis prescrites ne m'ont point permis d'insister sur un plus grand nombre d'exemples. Mais le peu que j'ai rapporté suffit pour se former une idée juste du savoir de M. l'Abbé. Le portrait qu'Homère a fait de Margitès lui ressemble on ne peut davantage. » Il » savoit beaucoup de choses, mais il les savoit » toutes mal.

(1) Πόλλ' ἠπίστατο ἔργα, κακῶς δ' ἠπίστατο πάντα.

On nous menace d'une Histoire Ancienne du même Auteur, dont la Philosophie de l'Histoire n'est, dit-on, qu'une esquisse. Si elle est écrite dans le même goût, je ne crois pas qu'elle soit applaudie des personnes qui font moins de cas du faux, de quelque brillant qu'il soit revêtu, que de la simple vérité. Sans prétendre, comme M. l'Abbé, au don (2) de Prophétie, j'ose lui prédire que son Histoire aura le même sort que les Annnales de Volusius.

> *Volusi Annales apuam porgentur ad ipsam*
> *Et laxas Scombris sæpe dabunt tunicas.*
>
> 					Catull. Carm. 93, 7.

---

(1) Platon nous a conservé ce Vers dans le second Alcibiade, *tom. II, pag.* 147.

(2) Voyez ci-dessus, *pag.* 272,

OMISSIONS ET CORRECTIONS.

PAge 56, ligne 5, *avant ces mots :* Le prétendu Empire, *mettez :*

    » Cette Ere incontestable (de Nabonassar) ne » commence que 1747 ans avant la nôtre.

Philos. de
l'Histoire,
pag. 54. (59.)

Il y a grande apparence que c'est une faute d'impression, cette Ere répondant à la seconde année de la huitième Olympiade, c'est-à-dire, à l'an 747 avant Jésus-Christ. Ce qui acheve de me le faire croire, c'est que l'Abbé dit, *pag.* 57, que » si Nabonassar éleva cet Edifice, (la Tour » de Babel) pour servir d'observatoire, il faut » au moins avouer que les Chaldéens eurent un » Observatoire plus de deux mille quatre cents » ans avant nous.

RÉPONSE.

J'aime à rendre justice à M. l'Abbé, quand l'occasion s'en présente. Il doit être persuadé que l'amour seul de la vérité m'a fait entrer en lice avec lui.

    » Il se peut que la circonférence de Babylone » ait été de 24 de nos lieues moyennes ; mais » qu'un Ninus ait bâti sur le Tigre, à quarante » lieues seulement de Babylone, une ville

Philos. de
l'Histoire,
pag. 54. (60.)

T 3

›› appelée Ninive, d'une étendue auſſi grande,
›› c'eſt ce qui ne paroît pas croyable. On nous
›› parle de trois puiſſans empires qui ſubſiſtoient
›› à la fois, celui de Babylone, celui d'Aſſyrie
›› ou de Ninive, & celui de Syrie ou de Damas,
›› la choſe eſt peu vraiſemblable; c'eſt comme
›› ſi on diſoit qu'il y avoit à la fois dans une
›› partie de la Gaule trois puiſſans Empires,
›› dont les capitales, Paris, Soiſſons, Orléans,
›› avoient chacune vingt-quatre lieues de tour.

Réponse.   Athènes n'étoit guères éloignée de Lacédé-
mone que de trente-trois à trente-quatre lieues,
en traverſant le Golphe Saronique, prenant
enſuite par Tiryns, Mycènes, Argos & Tégée.
Cependant ces deux villes étoient immenſes.
Athènes avoit deux cents ſtades de tour, ſuivant
Dion Chryſoſtome *(Orat. VI, pag.* 87 *)*; & La-
cédémone bâtie d'une manière (1) moins ſer-
rée, devoit occuper un plus grand eſpace.
A ne prendre ces ſtades que pour de moyens
ſtades de dix au mille, cela feroit près de ſix
de nos lieues de 2500 toiſes chacune. Ces
villes n'étoient pas les ſeules, & toute la Grèce
étoit extrêmement peuplée. Les Princes

---

(1) Thucyd. *lib. I.* §. 10.

Asiatiques renfermoient toute leur puissance dans une seule ville, & ne laissoient à la campagne que les personnes nécessaires pour la cultiver. On en voit un exemple bien sensible dans Hérodote. Pendant que les Mèdes étoient sous la domination des Assyriens; ils n'habitoient que dans des bourgades éparses, la politique de ces peuples ne leur permettant pas de se réunir. Lorsqu'ils en eurent secoué le joug, leurs divisions & l'anarchie les empêchèrent de se former en un seul corps. Mais ils n'eurent pas plutôt élu Déjocès pour Roi, que ce Prince les força à bâtir Ecbatane à un peu plus de cent lieues de Ninive. Cette ville, au rapport d'Hérodote (1), étoit presque aussi grande qu'Athènes. Ce fut ce Prince qui rassembla en un seul corps tous les peuples de la Médie (2).

Il est donc très-possible que deux villes considérables ne soient qu'à quarante lieues l'une de l'autre.

Ce n'est point tout. M. l'Abbé Bazin se trompe grossièrement, en ne mettant Ninive qu'à 40 lieues de Babylone. Sans compter les

---

(1) Herodot. *lib. I*, 98.
(2) Id. *lib. I*, 101.

ſinuoſités de la route, & les détours que lés montagnes & les rivières forcent néceſſaire-ment à prendre, il y avoit de l'une à l'autre près de cent (1) lieues, de Damas à Ninive environ cent trente cinq lieues, & de Babylone à Damas près de cent cinquante lieues. Paris & Londres, qui ſont deux villes immenſes, ne ſont pas tout-à-fait à cent lieues l'une de l'autre.

Page 121, ligne 4, Cap. I, ℣. 2 : *liſez*, Cap. I, ℣. 11.

Page 144, ligne 13, après ces mots : on a cent fois répondu, &c. *ajoutez*.

L'on avoit déja imprimé ma réponſe à cette objection de l'Abbé, lorſque j'ai été curieux de voir ſi le P. Pétau, l'un des hommes qui ont fait le plus d'honneur au ſiècle dernier, avoit parlé de cette difficulté. Ce ſavant Jéſuite n'a point connu les raiſons que je tire du texte Samari-tain ; il effleure ce qui concerne la vérité Hé-

––––––––––––––––––––

(1) J'ai ſuivi les meſures de M. d'Anville, qui de tous nos Géographes eſt celui qui a le mieux connu le Monde An-cien. Ses Cartes ſont le fruit du ſavoir le plus étendu, du jugement le plus exquis & de la critique la plus éclairée. Il vient de donner des Mémoires ſur l'Egypte ancienne & moderne, ſuivis d'une Deſcription du Golphe Arabique, Ouvrage excellent, néceſſaire ſur-tout à ceux qui veulent lire avec fruit Hérodote & Diodore de Sicile.

braïque , & il s'attache entièrement à la Vulgate. J'ai été charmé de me rencontrer dans la
plupart des points avec un homme de ce mérite. Il les a difcutés avec fon érudition & fa
fagacité ordinaires. J'invite ceux qui cherchent
à s'inftruire à recourir à fon ouvrage, où l'on
verra approfondi, ce que je n'ai fait qu'ébau-
cher.

En répondant aux difficultés qui fe tirent de
la Vulgate, je n'avois pas fait attention à une
objection qu'on peut former d'après ces paroles
de Saint Etienne : *Deus gloriæ apparuit patri
noftro Abrahæ , cum effet in Mefopotamiâ, priuf-
quàm moraretur in Charan, & dixit ad illum : exi
de terrâ tuâ..... de cognatione tuâ & veni in terram,
quam monftravero tibi. Tunc exivit de terra Chal-
dæorum & habitavit in Charan. Et inde poftquam
mortuus eft pater ejus , tranftulit illum in terram
iftam , in quâ nunc vos habitatis.* Act. Apoftol.
Cap. VII. ℣. 2, 3, & 4.

Cette objection a quelque chofe de fpécieux,
& ce feroit ici le lieu d'y répondre ; mais il me
faudroit répéter les raifons du P. Pétau, que
je craindrois d'affoiblir en voulant les abréger.
J'aime mieux renvoyer le lecteur judicieux à
l'ouvrage même de ce Savant. De Doctrinâ
Temporum, *lib. 9. Cap. 18 , vol. 2. pag. 22.*

Qu'il me ſoit cependant permis de dire, qu'il n'eſt point fait mention dans la Genèſe de deux apparitions ; qu'il ſemble que Tharé , en ſe retirant à Charan , ſuivit moins les ordres particuliers de Dieu , que ſon goût , ſon inclination. Saint Etienne citoit de mémoire , & cette faculté n'eſt que trop ſouvent ſujette à l'erreur. Qu'on ne m'objecte pas que le Saint Eſprit parloit par ſa bouche. Cela eſt vrai juſqu'à un certain point. Quand il s'agiſſoit du Dogme & de la Morale , les Auteurs Sacrés ne pouvoient errer , & ne diſoient que ce que leur dictoit l'Eſprit Saint. Mais dans toutes les choſes dont ils pouvoient avoir connoiſſance par les lumières naturelles , en un mot , dans tout ce qui n'étoit pas du reſſort du Dogme , n'ayant que la raiſon & les autres facultés de l'ame pour guides , ils ont pu ſe tromper comme les autres hommes. C'eſt le ſentiment de Saint Jerôme. *Sunt* (1) *autem qui aſſerant , in omnibus penè teſtimoniis , quæ de Veteri Teſtamento ſumuntur , iſtius modi eſſe errorem , ut aut ordo mutetur , aut verba , & interdùm ſenſus quoque diverſus ſit : vel Apoſtolis , vel Evangeliſtis , non ex libro*

---

(1) Hieronym. in Mich. *cap. V*, Oper. *tom. III*, *col.* 1531 , ex Edit. Benedict. *Pariſiis* , 1693 , &c.

carpentibus teſtimonia, ſed memoriæ credentibus, quæ nonnunquam fallitur.

Ce Père ne donne point ce ſentiment comme étant à lui, mais il ne le déſaprouve point ; & ce qui prouve que c'étoit auſſi le ſien, c'eſt que dans ſon Commentaire ſur le Chapitre trois de l'Epître aux Galates , il s'exprime à peu-près de même : *Hoc autem* (1) *in omnibus penè teſtimoniis, quæ de Veteribus Libris in Novo aſſumpta ſunt Teſtamento, obſervare debemus : quod memoriæ crediderint Evangeliſtæ vel Apoſtoli ; & tantum ſenſu explicato, ſæpè ordinem commutaverint, nonnunquam vel detraxerint verba, vel addiderint.*

Page 195, lig. 16, *après ces mots :* n'a jamais exiſté en Grec, *ajoutez :* M. l'Abbé voudra peut-être rejeter cette faute ſur ſon Imprimeur. Je ſouhaiterois de tout mon cœur qu'il pût le faire avec quelque vraiſemblance. Je me ſerois bien gardé de la relever, s'il ne s'étoit exprimé de même, dans ſon (2) Diſcours aux Welches.

---

(1) Id. in Epiſt. ad Galatas, *cap.* 3 , Oper. *tom. IV*, *col.* 253.

(2) Voyez le Recueil intitulé : Contes de Guillaume Vadé. *Genève*, 1765, *in-8.º pag.* 98. Cet Auteur eſt un

» Vos *Baẓiloi* n'étoient pas mieux traités que
» vous : vous en avez eu neuf d'excommuniés
» (ſi je ne me trompe) par le ſerviteur des
» ſerviteurs de Dieu ſous l'anneau du Pêcheur.
» L'excommunication emportoit néceſſaire-
» ment la confiſcation des biens, de ſorte que
» vos *Baẓiloi* perdoient de droit leur couronne,
» dont le Pêcheur Romain faiſoit préſent, ſelon
» ſon bon plaiſir & ſon équité, au premier de
» ſes amis.

Philoſ. de
l'Hiſloire,
P. 132. (145.)

» Si l'on en croit des hommes très-judicieux,
» comme Pétau le Jéſuite, un ſeul fils de Noé
» produiſit une race, qui, au bout de deux
» cents quatre-vingt-cinq ans, ſe montoit à ſix
» cents vingt-trois milliards, ſix cents douze
» millions d'hommes. Le calcul eſt un peu fort.
» Nous ſommes aujourd'hui aſſez malheureux
» pour que de vingt-ſix mariages, il n'y en ait
» d'ordinaire que quatre dont il reſte des enfans
» qui deviennent pères. C'eſt ce qu'on a cal-
» culé ſur les relevés des Regiſtres de nos plus
» grandes villes. De mille enfans nés dans une

---

vtai Protée ; il vous échappe lorſque vous croyez le tenir.
Tantôt c'eſt un Ruſſe, tantôt un Quaker ; ici c'eſt
Guillaume Vadé, là Jérôme Carré ; mais au nom près,
c'eſt toujours le même perſonnage.

» même année, il en reſte à peine ſix cents au
» bout de vingt-ans. Défions nous de Pétau &
» de ſes ſemblables, qui font des enfans à coups
» de plume, auſſi bien que de ceux qui ont dit
» que Deucalion & Pyrrha peuplèrent la Grèce
» à coups de pierres.

L'Abbé a beau prendre contre le P. Pétau RÉPONSE.
de ces tons ironiques, qui, au défaut de raiſons, lui ſont ſi familiers, les honnêtes gens
inſtruits n'en regarderont pas moins ce ſavant
Jéſuite, comme un des hommes des plus judicieux & des plus éclairés qu'ait produit le dix-
ſeptième ſiècle. Si on avoit quelque choſe à lui
reprocher, ce ſeroit d'avoir fait paroître quelquefois un peu trop de vivacité contre Scaliger,
qui couroit avec diſtinction la même carrière.
Mais ce léger défaut, effet de la fragilité de la
nature humaine, ne diminuera rien de l'eſtime
qu'on doit au mérite réel de ce grand homme.

En décriant ce que l'Hiſtoire rapporte de la
population de la Grèce, après les déluges
d'Ogygès & de Deucalion, l'Abbé a pour but
de renverſer ce qu'on trouve dans l'Hiſtoire
ſur la population de la terre, dans des temps
voiſins du Déluge. Le P. Pétau s'étoit fait cette
objection. Il y répond que cette prodigieuſe
multiplication n'a rien d'étonnant ; que nos

premiers Pères étoient robuſtes, qu'ils vivoient long-temps, qu'ils ſe marioient de bonne heure, & qu'ils avoient pluſieurs femmes. Il fait en-ſuite le calcul des garçons qu'auroit pu pro-duire un ſeul des enfans de Noé ; & il ſuppoſe que les deux autres enfans de ce Patriarche ne faiſoient que des filles qui devoient ſervir de femmes aux garçons dont il nous donne le cal-cul. On ſent qu'il ne fait cette ſuppoſition que pour ſe rendre plus clair, & pour ne point em-barraſſer ſes calculs par la naiſſance des femmes.

Il ſuppoſe, (ce que tout homme raiſonnable ne peut guères lui refuſer), que ces enfans de Noé commencerent à engendrer dès qu'ils eurent dix-ſept ans, de ſorte qu'à vingt-quatre ans, c'eſt-à-dire, la huitième année après le Déluge, puiſqu'ils entrerènt dans l'Arche avec leurs femmes , ils avoient déja chacun huit enfans. Mais comme il ne fait le calcul que d'un ſeul des enfans de Noé, & qu'il laiſſe les deux autres pour fournir les femmes, je me bornerai auſſi à un ſeul. » Japhet, par exemple, » dit-il (1), avoit huit garçons, la huitième » année après le Déluge. Ces garçons devoient » avoir chacun huit enfans mâles au commen-

____

(1) De Doƈtrinâ Temporum, *lib. IX, çap.* 14, *tom. II,* pag 18, *col.* 2.

» cement de la trente & unième année après
» le Déluge, c'est-à-dire, lorsqu'ils eurent at-
» teint vingt-quatre ans. Par conséquent, si au
» nombre des années du Déluge l'on ajoute
» toujours vingt-trois, que l'on multiplie le
» nombre supérieur des enfans par huit, &
» qu'on fasse ensuite une addition du total,
» parce que la vie de nos premiers Pères étoit
» très-longue, il se trouvera une somme pro-
» digieuse provenant d'une seule race, dont
» voici le coup d'œil.

TABLE de la propagation de l'espèce humaine.	
Années après le déluge.	Nombre des Enfans mâles.
VIII	8
XXXI	64
LIV	512
LXXVII	4,096
C	32,768
CXXIII	262,144
CXLVI	2,097,152
CLXIX	16,777,216
CXCII	134,217,728
CCXV	1,073,741,824
CCXXXVIII	8,589,934,592
CCLXI	68,719,476,736
CCLXXXIV	549,755,813,888
TOTAL	628,292,358,728

Ce calcul est encore plus fort que celui de

l'Abbé. On voit qu'il n'a pas rectifié les fautes de l'édition d'Anvers de l'Ouvrage du P. Pétau dont il a fait probablement uſage. Quand même on rabattroit beaucoup de cette ſomme prodigieuſe, il en réſulteroit toujours que le monde étoit extrêmement peuplé trois ſiècles après le Déluge.

» Mais, dit l'Abbé, nous ſommes aujourd'hui » aſſez malheureux, pour que de vingt-ſix ma- » riages, il n'y en ait d'ordinaire que quatre, » dont il reſte des enfans qui deviennent » pères ». D'après un pareil calcul, il auroit été impoſſible que la terre eût jamais pu ſe peupler ; & dans l'état actuel, on pourroit déterminer à peu de choſes près, en quel temps la race humaine viendroit à s'éteindre tout-à-fait.

» M. l'Abbé a pris ſes calculs ſur le relevé » des Regiſtres de nos plus grandes villes ». Je le veux bien. Mais cela fait juſtement contre lui.

1°. La plupart des villes opulentes, ſont autant de gouffres où les nations vont ſe perdre. La vie y eſt en général moins longue qu'à la campagne, parce que l'air y eſt moins pur, & que les épidémies y ſont & plus fréquentes & plus dangereuſes. La peſte, qui tous les ans fait

de

de si grands ravages au Caire & à Constantino-
ple, y seroit moins redoutable, si les Turcs
prenoient les précautions nécessaires. J'ose
dire que peu de personnes en seroient atta-
quées, & qu'elle seroit plus bénigne, si les
habitans de ces deux villes, au lieu d'être en-
tassés, pour ainsi dire, les uns sur les autres,
étoient dispersés à la campagne, ou dans de
petites villes, dont les rues fussent larges &
bien aërées.

2.° La vie molle de la plupart des habitans dès grandes villes, & les travaux mal-
sains des autres, les énervent & doivent nécessairement abréger leur vie. Leurs enfans encore
plus délicats, affoiblis par les débauches, vieux
avant d'avoir atteint l'âge viril, n'ont point assez
de vigueur pour donner la vie à des enfans bien
constitués ; ou s'ils se marient, la plupart de
leurs enfans périssent en bas âge.

3.° En Turquie, les Eunuques, les débauches contre nature, la pluralité des femmes :
dans les Pays Catholiques, la grande quantité
de Prêtres, & de Religieux de l'un & de l'autre
sexe ; le nombre prodigieux de Célibataires,
plus fréquent dans les grandes villes qu'ailleurs,
occasionnés par le luxe, la débauche, l'amour
déréglé de la liberté, le peu de fortune ou de

V

ſanté, & le grand nombre d'ouvriers & de do-
meſtiques qu'on enlève aux travaux utiles de
la campagne, ſont autant d'obſtacles à la population.

4.° Les gens riches & aiſés, contens d'avoir
un ou deux enfans, à qui ils puiſſent tranſmet-
tre leurs biens, laiſſent en friche une terre qui
pourroit encore rapporter.

5.° A peine un enfant eſt-il né, qu'on le conſie
à une nourrice mercenaire, & quelquefois mal-
ſaine, qui n'ayant point les entrailles d'une mère,
en prend peu de ſoin. Auſſi la plupart des enfans périſſent-ils entre leurs mains, ou bien ils
ſucent avec le lait un germe, qui venant à ſe dé-
veloper, les enlève dans leurs premières années.

6.° Si l'on ajoute à cela l'intempérie des ſai-
ſons, les mauvaiſes nourritures, les maladies
épidémiques, celles qui ſont la ſuite de notre
intempérance & de nos débauches, les guerres
preſque continuelles que ſe font entr'eux les
Princes, & pluſieurs autres cauſes de dépopulation qu'il ſeroit trop long de rapporter, l'on
ſera ſurpris de trouver la terre encore auſſi
peuplée qu'elle l'eſt.

Telles ſont en général les cauſes qui font, que
de vingt-ſix mariages, il n'y en a d'ordinaire
que quatre dont il reſte des enfans.

Cependant on ne s'aperçoit point dans les grandes villes de cette dépopulation, parce que le commerce, & le defir de fe procurer un fort plus doux, y attirent de toutes parts une multitude d'hommes qui en rempliffent les vuides. Ce font les campagnes qui recrutent nos villes. C'eft-là que la nature, livrée, pour ainfi dire, à elle-même, travaille à réparer fes pertes. Sans nos laboureurs, cette portion d'hommes fi injuftement méprifée, bientôt la terre dénuée de fes habitans, ne ferviroit plus de demeure qu'aux animaux féroces.

Si les habitans de nos campagnes font fi féconds malgré les défavantages de leur état, nos premiers Pères devoient l'être beaucoup plus. Comme ils ne travailloient que pour fe procurer une honnête fubfiftance, & non pour des maîtres durs & impitoyables, ils ne s'excédoient point de fatigues. Leurs travaux, en leur fourniffant de quoi fubvenir aux néceffités de la vie, les rendoient robuftes & entretenoient leur fanté. Leur fanté étant plus égale, leur vie devoit être néceffairement plus longue. Ayant la terre entière devant eux, & étant fûrs que leurs enfans y trouveroient toujours des alimens fains, ils fuivoient le penchant de la nature. Ils fe marioient de bonne heure, prenoient communément pluſieurs femmes, & ne s'inquiétoient guères du grand nombre d'enfans qui pouvoit en provenir. A peine leurs enfans étoient-ils en âge de puberté, qu'on les marioit. Un père voyoit avec ſatisfaction les petits enfans de ſes petits enfans ; ce n'étoit plus une ſimple famille, mais une nation nombreuſe. Leur frugalité les mettoit à l'abri des maladies qui déſolent (1) ſi ſouvent la terre. Unis ſous un même père, ils ne cherchoient point à s'entre-détruire. Des mères robuſtes allaitoient leurs enfans, ils leur devenoient plus chers. Les enfans payoient ces ſoins par leurs hommages, leur reſpect & leur obéiſſance.

Eſt-il donc ſurprenant après cela, de trou-

---

(1) **Dans** des temps très-poſtérieurs, on remarque que les premiers Romains menoient une vie ſi ſobre, qu'ils parvenoient à l'âge le plus avancé ſans aucune maladie. Ce ne fut que fort tard, & lorſque le luxe eut commencé à bannir la ſimplicité des mœurs & la frugalité des premiers temps, qu'ils connurent les Médecins, & encore les premiers qui parurent à Rome ne ſavoient que panſer les plaies. *Caſſius Hemina, ex antiquiſſimis auctor eſt, primum è Medicis veniſſe Romam Peloponneſo Archagathum Iyſanix filium, L. Æmilio, Luc. Julio Coſſ. anno Urbis DXXXV. eique jus Quiritium datum, & tabernam in compito Acilio emptam ob id publicè. Vulnerarium eum fuiſſe è re dictum, &c.* Plin. Nat. Hiſt. *lib.* **XXIX**, *cap.* 1, *tom.* 2, *pag.* 491.

ver trois siècles après le Déluge , les contrées fertiles de l'Asie , & les bords du Nil couverts d'un si grand nombre d'habitans.

Un seul des enfans de Noé suffisoit pour fournir des femmes aux descendans des deux autres. Il est donc clair qu'on pourroit à la rigueur doubler la somme des enfans qui résulte des calculs du P. Pétau. Mais il vaut mieux ne le point faire, à cause des maladies & des accidens qui pouvoient, quoique beaucoup plus rarement que dans ces temps-ci , enlever de bonne heure une certaine portion d'hommes.

F I N.

I N D E X.

FAUTES A CORRIGER.

L'Edition de Quintilien que je cite dans la Préface, est celle de Jean-Math. Gesner. Gottingue, 1738, in-4.°

Page 6, *ligne* 8, Solus, *lis.* Solers,
Page 7, *ligne* 15, populus etiam, *lis.* populus potius
Page 20, *ligne* 6. quod est, *lis.* quod ut est
Page 46, *ligne* 16, de Cyri expeditione, *lis.* de Cyri institutione.
Page 82, *ligne dernière,* Id. Lib. I, 96, *lis.* Id. Lib. I, 95.
Page 102, *ligne* 2, après Cap. I, *ajoutez :* Edit. Snakenb. Delphis, 1724, in-4.° sed 3. cap. Edit. Mich. le Tellier.
Page 117, *ligne* 4, à fine, pag. 69 & 70, *lis.* pag. 51 & 70.
Page 121, *ligne* 4, Cap. I. ⅄. 2. *lis.* cap. I, ⅄. 11.
Page 130, *ligne avant-dernière,* page 38, *lis.* pag. 33.
Page 131, *ligne dernière,* page 36, *lis.* pag. 34.
Page 134, *ligne* 5, à fine. (2) lib. VIII, 28, *lis.* (2) lib. VII, 28.
Page 146, *ligne dernière, ajoutez :* ex Edit. Oudendorpii.
Page 174, *ligne antépénultième,* page 406, *lis.* pag. 486.
Page 195, *ligne avant-dernière,* page 125, *lis.* pag. 124.
Page 204, *ligne dernière,* Tom. II, *lis.* Tom. III.

www.ingramcontent.com/pod-product-compliance
Lightning Source LLC
LaVergne TN
LVHW021527170726
843501LV00004B/985